Mosaik bei
GOLDMANN

Buch

Angeben, beleidigen, sich über andere lustig machen – schlechtes Benehmen ist in unseren Tagen schon fast zur traurigen Normalität geworden. Dagegen setzen Gloria von Thurn und Taxis und Donna Alessandra Prinzessin Borghese ihre Erfahrungen auf dem gesellschaftlichen Parkett des Hochadels. Sie wissen: Gutes Benehmen und höfliche Umgangsformen sind kein alter Hut. In diesem Ratgeber vermitteln sie Umgangsformen von A bis Z, denn jeder Mensch hat das Recht auf rücksichtsvolle und freundliche Behandlung.

Autorinnen

Fürstin Gloria von Thurn und Taxis wurde 1960 in Stuttgart als Gräfin von Schönburg-Glauchau geboren. Fast noch ein Teenager, lernte sie Johannes von Thurn und Taxis kennen, den sie 1980 in Regensburg heiratete. Das Paar bekam zwei Töchter und einen Sohn. Nach dem Tod ihres Mannes 1990 zog sie sich aus der Öffentlichkeit zurück, um sich als Managerin der Sanierung des Familienunternehmens zu widmen. Fürstin Gloria von Thurn und Taxis lebt in Regensburg.

Donna Alessandra Prinzessin Borghese, geboren 1963 in Rom, stammt aus einer der bedeutendsten römischen Patrizierfamilien, die über Jahrhunderte die Geschichte und Kunstgeschichte der Ewigen Stadt geprägt hat. Ganz im Sinne der Familientradition des kulturellen Mäzenatentums hat sich Prinzessin Alessandra in den letzten Jahren bei der Umsetzung großer Ausstellungen und Kulturevents in Rom und Neapel verdient gemacht. Prinzessin Alessandra lebt in Rom.

Gloria von Thurn und Taxis
Alessandra Borghese

Unsere Umgangsformen

Die Welt der guten Sitten
von A–Z

Mosaik bei
GOLDMANN

Die Ratschläge in diesem Buch sind von den Autorinnen und dem Verlag sorgfältig erwogen und geprüft, dennoch kann eine Garantie nicht übernommen werden. Eine Haftung der Autorinnen bzw. des Verlags und seiner Beauftragten für Personen-, Sach- und Vermögensschäden ist ausgeschlossen.

Dieser Titel ist bereits im Falken Verlag unter der Nummer 7579 erschienen.

Umwelthinweis:
Alle bedruckten Materialien dieses Taschenbuches sind chlorfrei und umweltschonend.

1. Auflage
Taschenbuchausgabe November 2004
Wilhelm Goldmann Verlag, München,
ein Unternehmen der Verlagsgruppe Random House GmbH

Umschlaggestaltung: Design Team München
Umschlagmotiv: Companie3000 / Clemens Mayer
Satz: Filmsatz Schröter, München
Druck: GGP Media GmbH, Pößneck
Verlagsnummer: 16669
WR · Herstellung: Max Widmaier
Printed in Germany
ISBN 3-442-16669-1
www.goldmann-verlag.de

Für alle, die meinen,
dass sie dieses Buch
nicht nötig haben.

Vorwort

Die Geschichte der Neuzeit kann als Sequenz von Aufständen der Unterprivilegierten gegen die Privilegierten betrachtet werden. Wie aus den unterworfenen Schichten von gestern die herrschenden Schichten von morgen werden, legte Hegel dar: Der Knecht verrichtet die Arbeit, der Herr erntet die Früchte. Durch die praktische Arbeit wächst im Knecht das praktische Können, während der Herr sein Können einbüßt und schließlich degeneriert. So geht die Dominanz immer wieder von der einen auf die andere Klasse über. Der einzige Trost, der den Herren von einst bleibt, ist der Umstand, dass die nach oben drängenden Emporkömmlinge, nachdem sie sich ihrer einstigen Herren entledigt haben, diese weiterhin mit einer erstaunlichen Faszination betrachten und zu kopieren versuchen. Sie versuchen, den Lebensstil derer, von denen sie soeben noch ausgebeutet wurden, nachzuäffen, wollen, wie Leporello singt, den Gentleman »spielen« und nicht mehr dienen: »Voglio far il gentiluomo/e non voglio più servir.« Durch dieses Nachahmen bleiben gewisse Sitten, Gebräuche und Benimmregeln konserviert, die Vornehmheit wird demokratisiert. Die Dinge müssen sich ändern, damit sie gleich bleiben können, wie Giuseppe Tomasi di Lampedusa, der Onkel einer der Autorinnen, in »Der Leopard« schrieb.

Die Demokratisierung der Vornehmheit ist einer der greifbarsten Erfolge der Moderne, es ist wunderbar, wenn man bei Tchibo preiswertes Silberbesteck erhält, sich mit Ikea-Möbeln geschmackvoll einrichten kann und Kaufhausketten wie H&M Smokingjacken im Angebot haben! Beunruhigen tut dies höchstens den Snob. Der Snob befindet sich in ständiger Flucht vor dem allgemeinen Geschmack. Kaum glaubt er eine Nische gefunden zu haben, steht sie schon als »Geheimtipp« in einer Illustrierten. Der Snob will sich unterscheiden, doch die Konsumgesellschaft zwingt zur Egalität, auch wenn sie käufliche Individualität verspricht. Der Konsumismus macht alle jene zu Snobs, die versuchen sich zu differenzieren, er nutzt das urmenschliche Bedürfnis aus, sich unterscheiden zu wollen. Schon die Steinzeitmenschen versuchten, sich durch schönere und größere Faustkeile voneinander abzuheben (man hat inzwischen so viele zigtausende Faustkeile ausgegraben, dass Archäologen sicher sind, dass sie vielfach nicht Werkzeug, sondern Statussymbol waren, das Handy der Urzeit sozusagen).

Was die Verfasserinnen dieses Buches auszeichnet: Sie sind keine Snobs, sondern Cnobs, also *cum nobilitas*. Was Cnobs aufs Angenehmste von Snobs unterscheidet, ist ihr Faible, zur Proliferation von gutem Geschmack, zur Verbreitung von Kultur beitragen zu wollen. Die Autorinnen dieses Buches legen Unterscheidungsmerkmale offen, sie hüten sie nicht wie einen Schatz, sondern bringen die Geheimcodes des guten Stils »unters Volk«. Damit werden sie auf dankbare Leser treffen. Wenn ein Figaro, nicht der von Mozart, sondern ein wirklich existierender »Star-Friseur« aus München, in einer Illustrierten reflektiert »Was sind das für Zeiten, wo sich die Macht der Friseure einschleicht? Früher hielt sich die Gesellschaft Hofnarren, heute halten sich die Hofnarren die Gesellschaft …«, ist dies ein sicheres Zeichen dafür, dass die Unterhaltungsgesellschaft sich der für sie errichteten Kulissen bewusst geworden ist und Authentizität einfordert. Das Publikum beginnt, der durch die Vielfalt der Medien geschaffenen ästhetischen Demokratie zu misstrauen und sucht nach allgemein anerkannten Stilregeln. In so einer Zeit war es überfällig, dieses Buch zu schreiben, und allein schon für den Versuch gebührt den Autorinnen Anerkennung.

Alexander Graf von Schönburg

Nur wer die Regeln kennt, darf sie gelegentlich brechen

Anrempeln, übertölpeln, beleidigen, angeben, sich über andere lustig machen, betrügen, belügen ... – all diese Unfeinheiten sind in unserem Alltag zur Normalität geworden. Ob auf dem Weg zum Arbeitsplatz, in der U-Bahn oder am Arbeitsplatz selbst, wo wir schlecht gelaunten Vorgesetzten und Kollegen begegnen, ob beim Skifahren, im Urlaub, in der Warteschlange oder in einer überfüllten Gondel, ob im Restaurant, im Kino, im Fitnesscenter oder auf der Straße: Überall und allenthalben begegnen uns unhöfliche, frustrierte, rüpelhafte Menschen. Wir leben mittlerweile so eng beieinander, dass es ohne Rücksichtslosigkeit scheinbar nicht mehr geht. Oder doch?

Muss man schlechtes Benehmen einfach hinnehmen? Resultieren diese rüden Umgangsformen zwangsläufig aus den allgemeinen Umständen, aus der rauen Zeit, in der wir leben? Woher kommt der allgemeine Egozentrismus, der zum Verfall der Sitten beigetragen hat? Müssen wir resignieren?

Sicherlich gibt es auch in einer auf Karriere und Selbstverwirklichung ausgelegten Welt das Bedürfnis nach einem Miteinander und nach Solidarität. Es gibt

Raum für Selbstlosigkeit und Großmut, es gibt Platz für Höflichkeit und gutes Benehmen. Vielleicht ist gerade die allgemeine Rauheit und Rücksichtslosigkeit ein guter Nährboden für das Bedürfnis nach christlichen Werten wie Nächstenliebe, Rücksichtnahme und Verständnis?

In einer Welt, in der Fehler kaum verziehen werden, wo der Arbeitsplatz von heute auf morgen weg sein kann, da bekommt die Geborgenheit der Familie als feste Größe und als unverrückbarer Bestandteil des Lebens wieder neue Bedeutung. In einer Welt des ständigen Wandels muss es zumindest einen Ort geben, der zuverlässig Wärme und Geborgenheit vermittelt. Wie kann der Mensch ansonsten die von ihm geforderte Leistung erbringen, wenn durch ständigen Wechsel alles austauschbar wird? Suchen wir nicht alle ein gewisses Maß an Zuverlässigkeit, einen sicheren Hafen, in den wir uns zurückziehen können, um uns aufgehoben zu fühlen? Wenn der Arbeitsplatz diese Sicherheit nicht mehr bieten kann, so werden der Hort der Familie, das Miteinander und Füreinander sowie echte Freundschaften wieder wichtig.

Das allerdings erfordert Disziplin, soziale Kompetenz und ein Verhalten, das häufig nicht mit dem Drang nach rücksichtsloser Selbstverwirklichung kompatibel zu sein scheint. Oder vielleicht doch?

In einem Land, in dem die Grundbedürfnisse des Menschen gedeckt sind, wo auch das Überflüssige Bedeutung hat, da muss auch Raum sein für ein zivilisiertes Miteinander. Dort, wo es nicht mehr nur darum geht, den Hunger zu stillen und eine warme Hütte für kalte Nächte zu haben, da sollte man es sich leisten können, rücksichtsvoll und freundlich zu sein.

Dass Angeberei das Gegenteil von dem bewirkt, was dem Angeber wichtig ist; dass Diplomatie und Höflichkeit keineswegs Karrierekiller sind; dass Bescheidenheit und Zurückhaltung nicht unbedingt das Gegenteil von Ehrgeiz sind, darauf möchten wir aufmerksam machen. Natürlich muss man es sich leisten können, großzügig zu sein oder rücksichtsvoll, man muss es sich leisten können, freundlich zu sein oder Zeit zu haben. Aber ist diese Form des zivilen Miteinanders nicht genauso wichtig, vielleicht sogar das wichtigere Statussymbol als das schöne Auto oder das teure Haus? Ist es für die eigene »Corporate Identity« nicht besser, das heimische Umfeld zufrieden und glücklich zu sehen, als nur dem Luxus zu frönen, der die Herzen letzten Endes leer lässt, und die Gier nach immer mehr Wohlstand auszuleben, die nie genug zu bekommen scheint? Es nutzt nichts, reich zu sein, wenn das Benehmen arm ist. Das ist unsere Botschaft. Folgende Geschichte zeigt, wie wahr sie ist.

Nach einem großen Erdbeben in Mexiko gab es Hunderte von überfluteten Häusern. Die meisten Menschen wurden evakuiert und in provisorische Lager gebracht. Ein Freund meiner Tochter half als Freiwilliger einer katholischen Hilfsorganisation bei der Versorgung dieser armen Menschen, die ihr Dach über dem Kopf verloren hatten. Mit einem Paddelboot durchkämmten die Helfer alle überschwemmten Häuser nach Hilfesuchenden. Da fanden sie ein altes Indianerehepaar. Die beiden Alten saßen in ihrem überfluteten Haus und freuten sich über den Besuch. »Was können wir euch anbieten?«, fragten sie höflich. »Danke, nichts«, sagten die Männer. »Aber wenigstens ein Glas Wasser«, bot die alte Frau an. Wasser in einem Kanister war das Einzige, was sie hatten. Es war die Frischwasserration, die ihnen von der Hilfsorganisation zugeteilt worden war, damit sie überleben konnten. Das Einzige, was sie hatten, boten sie nun den jungen Männern an. Das beeindruckte die Männer derartig, dass sie diesen Vorfall als schönstes Erlebnis ihrer Erfahrungen bei der Hilfe im Erdbebengebiet erzählten.

Das Ehrenamt, die freiwillige Hilfe, gehört zu den wichtigsten Bestandteilen der guten Erziehung. Kein Gentleman, der nicht selbstverständlich in seiner Jugend Sozialdienst geleistet hat. Keine Lady, die sich nicht selbstlos um Arme und Kranke gekümmert hätte. Freiwillige Sozialdienste, und wenn es nur ein paar Tage im Jahr sind, gehören zu den wichtigsten Erfahrungen der gut erzogenen Menschen in unserer Gesellschaft. Nur wer hier tätig war, überschreitet wirklich die Grenzen seiner eigenen Welt, lernt Urteilskraft und Dankbarkeit.

Unser Buch möchte zeigen, dass vornehme Verhaltensregeln, die es schon seit Großvaters Zeiten gibt, nichts an Aktualität verloren haben. Im Gegenteil: Heute mehr denn je kommen Galanterie, gutes Benehmen, Höflichkeit und Zurückhaltung gut an. Es ist angebracht, sich von der uniformen Rüpelhaftigkeit abzuheben, der allzu oft übertriebenen Zurschaustellung von Haben und Sein.

Fühlen Sie sich durch dieses Buch bitte nie belehrt, sondern, wenn überhaupt, dann eher beraten. Wir unterbreiten Ihnen lediglich Vorschläge, die jedoch insgesamt der Summe der gemachten Erfahrungen, Beobachtungen und natürlich der erfahrenen Erziehung entsprechen.

Viel Spaß beim Lesen!
Gloria von Thurn und Taxis

Quod licet Iovi, non licet bovi

Ist es wirklich so ungerecht, dass das laute Lachen Ihres Chefs anders beurteilt wird als das Ihre? Dass ein Gianni Agnelli in Jeans auftreten darf, während Sie sich nur bei der Gartenarbeit darin sehen lassen können? Dass dem sehnlichst erwarteten Herrn Minister die halbe Stunde, die er zu spät kommt, niemals übel genommen wird, während Sie wegen so etwas womöglich nicht mehr eingeladen werden?

Ob es die Kleidung ist, die Art des Sprechens oder das Benehmen an sich: Wer auf der sicheren Seite sein will und, vor allem, wer den weiten Weg in die »gute Gesellschaft« gehen will, der muss Regeln strenger beachten als jemand, der dort schon länger zu Hause ist. Wer die Regeln kennt und weiß, wie und wann man sie anwenden muss, der darf sich auch erlauben, sie dann und wann zu brechen. Das berühmte Sprichwort »Quod licet Iovi, non licet bovi« spricht dieses Phänomen an.

Radikaler Wandel und tief greifende Veränderungen vollziehen sich heutzutage immer schneller, ob im technischen, politischen oder sozialen Bereich. Sie beeinflussen die Gewohnheiten und Ansprüche jedes einzelnen Menschen. Gerade deshalb sind die Elemente der Kommunikation zwischen den Menschen gestern und heute genauso wichtig wie morgen und übermorgen.

Gute Erziehung und gutes Benehmen sind nichts Gestriges. Nichts Abstraktes, Langweiliges oder gar Altmodisches. Gute Umgangsformen sind für jedermann leicht zu erlernen. Sie bereichern unser tägliches Leben spürbar, sowohl im Beruf als auch in der Freizeit. Alles, was man dazu braucht, sind eine Portion Disziplin, Zurückhaltung und natürlich gesunder Menschenverstand.

Ob gute Erziehung wirklich Teil von einem selbst ist, kann man am besten erkennen, wenn man sich unbeobachtet fühlt. Diesem Härtetest sind freilich nur die wenigsten gewachsen. Das ist auch der Grund, warum wir dieses Buch all denjenigen gewidmet haben, die glauben, es nicht nötig zu haben. Das gilt auch für uns selbst.

Durch die Auseinandersetzung mit den Themen Höflichkeit und Erziehung haben wir erkannt, dass es ein großer Vorteil ist, Eltern zu haben, die einen ab und zu zurechtweisen. Fehlt dieses Regulativ, bedarf es umso mehr Disziplin, die hehren Grundsätze der guten Erziehung nicht in Vergessenheit geraten zu lassen. Isst man am Küchentisch genauso wie an der festlich gedeckten Tafel? Benimmt man sich im Kino genauso wie in der Oper? Begegnet man seinem Nachbarn genauso höflich wie seinem Chef? Und so weiter …

Ob arm oder reich, ob gebildet oder ungebildet, ob jung oder alt: Gute Erziehung ist zeitlos und steht jedem gut an. Unfreundlich zu sein macht im Zweifelsfall genauso viel Mühe, wie zuvorkommend und höflich zu sein. Wer das erkannt hat, geht leichter durchs Leben.

Alessandra Borghese

A

Aberglaube
Adel
Adresse
Affenliebe
Alkoholgenuss
Anrede
Antipathie
Arbeitsplatz
Aschenbecher
Audienz
Aufzug
Auskunft
Auto
Auto fahren

Aberglaube Aberglaube ist das Gegenteil von Glaube. Menschen, die sich religiös, aufgeklärt (oder beides) geben, wirken unglaubwürdig, wenn es ihnen plötzlich ein Problem bereitet, eine schwarze Katze gesehen zu haben. Es gibt nur einen gesellschaftlich akzeptierten Aberglauben: Man sieht tunlichst davon ab, bei einer Essenseinladung dreizehn Personen *an einen Tisch zu setzen* (siehe auch: *Placement*), da Jesus beim letzten Abendmahl vom dreizehnten Anwesenden verraten wurde.

Adel Der zentraleuropäische Adel, sprich der italienische, der spanische sowie der deutsch-österreichisch-ungarisch-böhmische, unterscheidet sich in einer wesentlichen Hinsicht vom britischen Adel: Der kontinentale Adel ist in »Abteilungen«, eine Art Kastensystem, aufgeteilt. Während es im britischen Adel zwar erhebliche Rangunterschiede gibt (*Prince* vor *Duke* vor *Earl* zum Beispiel), sind in England letztendlich alle, aus königlicher Sicht, Untertanen.

Der größte Teil Europas war allerdings noch vor 200 Jahren ein Flickenteppich unabhängiger Kleinstaaten. Wenn man im 18. Jahrhundert etwa von Salzburg nach Frankfurt reiste, überschritt man mindestens zehn Landesgrenzen. Daher gibt es in Europa auch heute noch verhältnismäßig viele so genannte Hochadelige, also Mitglieder noch oder ehemals souverän regierender Häuser.

Seit 1918 ist es in Österreich unter Strafe verboten, Adelstitel zu führen oder zu verwenden. In Deutschland sind Adelstitel Bestandteil des Namens geworden.

Die Nöte eines Adeligen

Keine Definition von Nobilität reicht an die heran, die Giuseppe Tomasi di Lampedusa *dem Pater Pirrone in seinem berühmten Werk »Der Leopard« in den Mund gelegt hat. Don Pietrino, der Kräutersammler, will wissen, wie sie denn nun sind, die Adeligen, und fragt Pater Pirrone, der Umgang mit ihnen hat. Der hebt zu einem der berühmtesten Monologe der Literatur an und sagt, erheblich gekürzt: »Seht, Don Pietrino, die ›Herren‹, wie Ihr sagt, sind nicht leicht zu verstehen. Sie leben in einem besonderen Universum, das nicht gerade von Gott geschaffen ist, wohl aber von ihnen selbst in Jahrhunderten eigener, ganz besonderer Erfahrungen, Mühen und Freuden; sie besitzen ein ziemlich kräftiges kollektives Gedächtnis, und daher ärgern sie sich oder finden Gefallen an Dingen, an denen Euch und mir überhaupt nichts liegt. (...) Mit alledem will ich nicht sagen, sie wären schlecht – das ist es bestimmt nicht; sie sind einfach anders; vielleicht erscheinen sie uns so sonderbar, weil sie eine Etappe erreicht haben, der alle, die keine Heiligen sind, zustreben: die der Gleichgültigkeit gegenüber den irdischen Gütern, weil sie an sie gewöhnt sind. Vielleicht achten sie darum nicht auf gewisse Dinge, an denen uns anderen sehr viel liegt; wer im Gebirge lebt, kümmert sich nicht um die Stechmücken der Ebene, und wer in Ägypten lebt, braucht keinen Regenschirm. Der Erste hingegen fürchtet die Lawinen, der Zweite die Krokodile – Dinge, die uns ja wenig Sorgen machen. Für sie sind neue Nöte hinzugekommen, die wir nicht kennen; ich habe erlebt, wie Don Fabrizio, ein ernsthafter, weiser Mann, sich umdüsterte wegen eines schlecht gebügelten Hemdkragens; und ich weiß aus sicherer Quelle, dass der Fürst von Làscari vor Wut eine ganze Nacht nicht geschlafen hat, weil man ihm bei einem Essen beim Statthalter einen falschen Platz gegeben hatte. (…) Und dann haben die Aristokraten ein Schamgefühl ihrem eigenen Ach und Weh gegenüber; ich habe einen Unglückseligen erlebt, der bei sich beschlossen hatte, sich am nächsten Tag das Leben zu nehmen, und er schien lächelnd und munter wie ein Knabe am Vorabend seiner Erstkommunion. (…) Zorn und Spott sind herrenmäßig, nicht aber Jammern und Hadern. Ja, ich kann Euch ein Rezept geben: Begegnet Ihr einem Edelmann, der streitet und jammert, so werft einen Blick auf seinen Stammbaum: Ihr werdet sicher bald einen dürren Zweig finden.«*

Giuseppe Tomasi di Lampedusa
in »Der Leopard«

Streng juristisch wäre es also korrekt, etwa den Herzog von Württemberg mit »Herr Herzog von Württemberg« anzureden. Doch wer dies tatsächlich tut, offenbart damit ein gewisses Defizit an Geschichtsbewusstsein: Dynastien wie Habsburg, Hessen, Wittelsbach (Bayern) oder Baden haben über etliche Jahrhunderte hinweg unsere Geschichte und Kultur geprägt, mit Stolz schmücken sich Bundesländer mit ihren Familiennamen und Familienwappen. Daher sollte es dem republikanischen Selbstverständnis keinerlei Abbruch tun, Mitglieder dieser Familien *mit ihren Titeln anzusprechen* (siehe auch: *Anrede*). Mitglieder *königlicher Dynastien* (siehe auch: *Hoheiten*) sind, ob sie noch auf dem Thron sind oder nicht, als »Königliche Hoheit« anzureden. Fürsten, Fürstinnen und deren Kinder sind »Durchlauchte«, Grafen und Gräfinnen sowie deren Abkommen sind »Erlauchte« (wenn sie souverän geherrscht haben) und »Hochwohlgeborene« (wenn sie nicht souverän waren). Auch Freiherren und Freifrauen (wie Barone und Baroninnen) und Patrizier, die nur das »von« im Namen tragen, sind »Hochwohlgeborene«.

Adresse Sollten Sie Ihre Adresse wechseln oder eine neue Telefonnummer bekommen, so ist es höflich, diese Ihren Bekannten mitzuteilen. Am besten, Sie verschicken einen Hinweis per Post. In Zeiten globaler Mobilität kommt es allerdings vor, dass man mehr als

eine Adresse hat und sich manche dieser Anschriften gelegentlich ändern. Verschonen Sie in dem Fall Ihre Freunde, Bekannten und Geschäftsfreunde mit ständigen »Updates«; legen Sie sich stattdessen auf eine Adresse fest, unter der Sie Post erhalten möchten, und auf eine Telefonnummer, über die man Sie persönlich (gegebenenfalls auch über Ihr persönliches Büro) erreichen kann.

Affenliebe Wenige Dinge sind so peinlich wie Eltern, die ihre Kinder überhöhen und übermäßig vergöttern. »Schaut er nicht brillant aus?«, »Ach, meine Tochter ist ja so gescheit!«, »Mein Sohn ist ein erfolgreicher Geschäftsmann, müssen Sie wissen ...« sind Varianten, die man immer wieder zu hören bekommt. Man lobt nichts überschwänglich und schon gar nicht Menschen, die einem nahe stehen – denn ihnen gegenüber wird man nur schwerlich objektiv sein können.

Alkoholgenuss Für viele Menschen gehört es zum guten Ton, bei Partys und gesellschaftlichen Ereignissen Alkohol zu genießen. Doch die »guten Sitten« sind ständig in Bewegung und so kann man an der Schwelle zum 21. Jahrhundert beobachten, dass das so genannte *healthy living* in Trendsetter-Kreisen mehr und mehr angesagt ist. Und somit gerät auch Alkohol für viele geradezu außer Mode. Dies gilt vor allem für angelsächsische Länder, die in vielerlei Hinsicht Lifestyle-Trendsetter sind. In Hollywood, in London und in New York gibt es kaum mehr große Partys, bei denen

Warum alle Toni hassten

»Toni (...) war ein widerlicher Balg. Dass er meistens ungewaschen und immer ungekämmt einherkam, sommersprossig und auf zwei für sein Alter erstaunlich ausgereiften Plattfüßen, dass er nicht grüßte und für einen Gruß nicht dankte – das alles hätte sich noch ertragen lassen, wären Herr und Frau Feldmann nicht gar so demonstrativ überzeugt gewesen, ein Prachtexemplar der Menschheit hergestellt zu haben. (...) Toni durfte sich einfach alles erlauben, und er ließ sich nur selten etwas entgehen. Noch heute denke ich mit Ingrimm an den Tag zurück, als ich seinem Vater eine dringende telefonische Nachricht übermitteln wollte und das Pech hatte, an Toni zu geraten: Er hob den Hörer ab, imitierte mit beharrlichem Tü-tütü-tütü das Besetztzeichen und war durch nichts zu bewegen, die Verbindung aufzunehmen.«

Friedrich Torberg in »Tante Jolesch«

nicht leichte Kost vorherrscht, statt Alkohol kalter grüner Tee oder hausgemachter *Kombucha* gereicht wird. Wer in Amerika etwas auf sich hält, ist Mitglied in einem Fitness-Club, treibt regelmäßig Sport und ernährt sich gesundheitsbewusst.

In Europa ist das (noch) nicht so. Hier gilt es eher als spießig, Mitglied eines Fitness-Clubs zu sein. Man ist zwar *sportlich* (siehe auch: *Sportlichkeit*), lässt das aber nicht »heraushängen« – außer man ist von Beruf Trainer oder Sportlehrer. In Europa ist Alkohol nach wie vor »salonfähig«. Der Gesundheitskult hat zwar auch hier Fuß gefasst, wird aber nicht mit der gleichen Rigidität umgesetzt.

In Europa gilt die von britischen Kolonialherren erprobte Regel: kein hochprozentiger Alkohol vor sechs Uhr abends. Einst erfunden, um britische Beamte in den subtropischen Kolonien vor dem Alkoholkollaps zu bewahren, hat sich die Regel auch auf dem europäischen Kontinent durchgesetzt. Bei gesellschaftlichen Ereignissen und Geschäftsessen gilt: Ein, zwei Gläser Weißwein zu Mittag sind akzeptabel, zwei, drei Gläser Bier schon etwas verdächtig. Nach sechs Uhr abends sind Drinks erlaubt, vor dem Abendessen aber nur Niedrigprozentiges (wie Sherry, Wein oder ein Glas Bier), nach dem Essen auch Hochprozentiges (Digestifs wie Cognac oder Longdrinks wie Wodka mit Orangensaft/Tonic Water oder Ähnliches).

Wie bei allen Dingen bestätigen Ausnahmen die Regel: Wodka gehört zwar zu den Alkoholika, die man als Dame oder Gentleman nur nach dem Dinner trinkt, doch ein einziger Drink, die so genannte *Bloody Mary*, darf auch nachmittags getrunken werden, ohne dass man gesellschaftlich »vom Parkett rutscht« (Rezept: $^1/_5$ Wodka, $^4/_5$ Tomatensaft, zwei Schuss Worcester-Sauce, ein Schuss Tabasco, Salz, Pfeffer, ein Schuss Zitronensaft, serviert auf Eis, idealerweise mit einem Stück Stangensellerie). Und schließlich gibt es auch ein hochprozentiges Getränk, das als so genannter Aperitif, also als Appetitmacher vor dem Abendessen, statthaft ist: der *Dry Martini* (Rezept: Gin mit einen Schuss

Vermouth Dry, serviert mit einer Olive oder einem Zitronenscheibchen). Der *Dry Martini* gerät allerdings – wie Gott sei Dank auch der übermäßige Alkoholkonsum – langsam aus der Mode.

Anrede Einer der perfektesten Gentlemen der Literatur ist *Don Quichote*, der immer das Höchste und Edelste im Menschen sah und seine Mitmenschen dementsprechend behandelte. In der Anrede sollte man es Don Quichote gleichtun und lieber ein wenig höflicher sein als notwendig.

Ist jemand Akademiker, wird er sich sicher nicht verletzt fühlen, wenn Sie ihn als »Herr Doktor« anreden, einem älteren Lehrer schmeicheln Sie, wenn Sie ihn mit »Herr Professor« anreden. Trägt jemand den Titel »Freiherr« (»Baron«), »Graf« oder gar »Fürst«, sollte man ihn ruhig mit seinem *Titel* (siehe auch: *Adel, Hoheiten*) ansprechen.

Es obliegt jedem Akademiker oder Adeligen selbst, ob er seinen Titel im Alltagsleben benutzt oder nicht. Es ist aber in jedem Fall besser, einen Grafen, Baron oder Prinzen, und ebenso einen Professor oder Doktor, mit seinem jeweiligen Titel anzureden. Absolut tabu: den Titel selbstständig abzukürzen, also zum Beispiel aus einem Grafen einen »Herrn von« zu machen.

Achten Sie auch darauf, das Du nicht zu großzügig anzubieten, vor allem, wenn Sie Menschen gerade erst kennen gelernt haben. Das Du sollte Verwandten und Freunden vorbehalten sein. Der Ältere oder der in der Hierarchie Höhergestellte ist derjenige, der das Du anbietet.

Adel in der Bonner Republik

In den 50er-Jahren, als das bundesrepublikanische Deutschland noch jung war und Adelige in der neuen Hauptstadt Bonn nichts zu sagen hatten, gab es eine Gräfin, ohne die Bonn den Stil vermisst hätte, der diese Stadt im Rheinland unter Politikern so beliebt machte. Diese Gräfin war Betta Werthern, *die Chefin der* Parlamentarischen Gesellschaft, *einer Art Club für Politiker, wo man über politische Fraktionsgrenzen hinweg, unbeobachtet von Journalisten und Staatsbeamten, die Köpfe zusammenstecken konnte. Die* Parlamentarische Gesellschaft *in Bonn residierte in einer schneeweißen Villa am Rhein und war der erste Salon der Republik.*

Der erste Bundeskanzler der neuen Republik, Konrad Adenauer, *schätzte* Gräfin Werthern *sehr, aber als überzeugter Republikaner weigerte er sich standhaft, sie »Gräfin« zu nennen. Für ihn war sie schlicht »Frau Werthern«. Eines Tages beschloss Betta Werthern, ihm diese kleine, aber gezielte Demütigung heimzuzahlen. Als der neue britische Botschafter in der Stadt war und noch vor seinem Antrittsbesuch beim Bundeskanzler* Gräfin Werthern *in der* Parlamentarischen Gesellschaft *aufsuchte, traf er dort zufällig auf den Bundeskanzler.* Betta Werthern *stellte die beiden Herren einander vor, den Bundeskanzler allerdings als »Bundeskanzler Auer«. Ein paar Tage später fragte* Adenauer *sie: »Sagen Sie mal, Frau Werthern, warum haben Sie meinen Namen eigentlich so komisch ausgesprochen?« – »Ich habe ihn nicht komisch ausgesprochen, Herr Bundeskanzler, ich habe ihn nur abgekürzt, wie Sie es mit meinem Namen auch immer machen.«*

Fürstin Gloria

Antipathie Jeder kennt Menschen, die er nicht sympathisch findet oder die er gar nicht ausstehen kann. Das im Tierreich verbreitete Knurren, Fauchen oder Aufstellen der Nackenhaare praktiziert der »homo erectus« aber schon seit Jahrtausenden nicht mehr.

Trifft man in Gesellschaft auf eine Person, die man nicht sonderlich mag, sollte man der Höflichkeit wegen diese Person dennoch freundlich begrüßen. Nach Austausch der Förmlichkeiten (»Wie geht's?« – »Danke, gut.«) und einem minimalen *Smalltalk* (siehe auch: *Smalltalk*) (etwa: »Regnet's draußen wieder?« – »Ich glaube, es hat schon aufgehört.«) braucht man sich jedoch nicht weiter gezwungene Freundlichkeit abzuringen, sondern darf eine tiefer gehende Unterhaltung – vielleicht mithilfe einer kleinen Notlüge – abwenden (»Ich suche gerade nach …, hast du ihn gesehen?«).

In der hohen Kunst des Umgangs mit Menschen, die einem unangenehm sind, lässt man sich – begegnet

Guten Abend, lieber Johann

Um zu erklären, wie wir mit Antipathie umgehen sollten, erzähle ich folgende Geschichte: Unsere Urgroßmutter hatte zwei Schwestern, die einander so sehr liebten, dass sie beschlossen, einander immer »die Stange zu halten«. Sie gründeten einen Freundschaftsbund, der auch ihre Ehemänner einschloss und somit auch ihre Kinder und Kindeskinder. Der Freundschaftsbund hieß »Die Stange«. »Stangemitglieder« unterhielten sich in einer Art Geheimsprache, die sie selbst entwickelt hatten. »Er ist mir unsympathisch« hieß zum Beispiel: »Er ist sehr guten Abend, lieber Johann«. Was hat es damit auf sich? Eine der jungen Gräfinnen hatte sich gegenüber ihrem Großvater einmal abfällig über einen Kammerdiener namens Johann geäußert. Der Großvater hatte seine Enkelin daraufhin enttäuscht angesehen und erwidert: »Du weißt hoffentlich, dass der Johann dich besonders verehrt?« Als Johann das nächste Mal ins Zimmer trat, sagte sie besonders höflich, aber für diejenigen, die sie kannten, fast zu höflich: »Guten Abend, lieber Johann.« Auf diese Weise versuchte sie, ihre Antipathie zu überspielen.

Fürstin Gloria

man ihnen – niemals etwas anmerken. Ansonsten darf man den Kontakt mit solchen Menschen, so weit es geht, vermeiden. Bei großen Ereignissen, in gut besuchten Restaurants, im Theater, beim Einkaufen, am Bahnhof oder Flughafen kann man derlei Situationen oft ausweichen, indem man einfach den Blick in eine andere Richtung wendet und damit Augenkontakt vermeidet. Treffen sich die Blicke doch, genügt meist ein freundliches Zunicken.

Arbeitsplatz Selbstverständlich gelten am Arbeitsplatz die gleichen Regeln der Höflichkeit, Zuvorkommenheit, Rücksichtnahme und Diplomatie wie im privaten Leben. Und zwar unabhängig davon, auf welcher Stufe der Karriereleiter man sich befindet. Wenn Höflichkeit und Rücksichtnahme mit steigendem Rang abnehmen, kann das als Zeichen dafür gewertet werden, dass derjenige über seine ideale Position »hinausgewachsen« ist. Autorität hat man oder man hat sie nicht; wer versucht, mangelnde Autorität durch Arroganz und Schikane zu kompensieren, scheitert irgendwann. Der Chef sollte freundlich sein und seiner »Mannschaft« ein gutes Arbeitsklima vorleben.

Aschenbecher Aschenbecher, die überall in Wohnung oder Büro herumstehen und vor Zigarettenstummeln, Papierchen und anderen Dingen überquellen, bieten einen ekelhaften Anblick und sind ein Indiz für Nachlässigkeit. Es gibt schöne, dekorative Exemplare, die überall passend sind, nur nicht auf dem Esstisch.

Die schreckliche »Was-tun-Sie-beruflich?«-Frage

Eine Unart, die uns, glaube ich, die Amerikaner eingebrockt haben, ist es, jemanden, den man gerade im Begriff ist kennen zu lernen, sofort nach Beruf und Stellung auszuhorchen. Diese Fragen vermitteln dem Gesprächspartner den Eindruck, man wolle ihn taxieren, wolle herausfinden, ob es sich überhaupt lohnt, weiterhin mit ihm zu sprechen.

Eine englische Zeitschrift hat einmal getestet, wie lange es in verschiedenen gesellschaftlichen Kreisen dauert, bis die »WTSB-Frage« fällt. Das Ergebnis: Bei Menschen, die in der PR-Branche oder in der Werbung arbeiten, ist »Was tun Sie beruflich?« oder, schlimmer noch, »Womit verdienen Sie Ihr Geld?« praktisch die erste oder zweite Frage, Journalisten und Medienleute stellen die WTSB-Frage innerhalb der ersten fünf Minuten ihres Gesprächs, bei Bankern und Unternehmern dauert es immerhin durchschnittlich sieben Minuten. Am besten schnitten Land- und Forstwirte, Richter und Professoren ab, die diese Frage meist gar nicht stellten.

Fürstin Gloria

Wer *rauchen* (siehe auch: *Rauchen*) möchte, sollte damit bis nach dem Essen warten.

Audienz Der Begriff »Audienz« ist einem Empfang beim Papst, bei einem König oder einem Staatsoberhaupt vorbehalten. Ein Audienzgesuch reicht man schriftlich ein, unter Angabe von Gründen, warum man die Audienz erhalten möchte.

Zu einer Privataudienz beim Papst tragen Herren frühmorgens *Morning suit (Cut)* oder Stresemann (mit Orden und Auszeichnungen), nachmittags einen Frack,

ebenfalls mit allen zur Verfügung stehenden Orden. Die Damen tragen ein langes schwarzes Kleid, lange schwarze Handschuhe, keinen Schmuck, aber Orden. Außerdem sollten sie einen schwarzen Schleier tragen. Zu einer öffentlichen Audienz beim Papst tragen die Herren einen dunkelgrauen Anzug, ein weißes Hemd, eine einfarbige dunkle *Krawatte* (siehe auch: *Krawatte*) und gegebenenfalls Orden. Die Damen tragen Schwarz, beispielsweise ein schwarzes Kostüm und einen dunklen Schleier und ebenfalls Orden. Ist man »dran«, dann kniet man nieder oder verbeugt sich und küsst den Ring des Pontifex. Man spricht den Papst niemals unaufgefordert an, sondern antwortet lediglich auf seine Fragen. Er wird mit »Eure Heiligkeit« oder »Heiliger Vater« *angesprochen* (siehe auch: *Klerus*).

Zu einer Audienz bei Königen und Staatsoberhäuptern trägt man als Herr einen Stresemann, *Morning suit* oder dunkelgrauen Anzug, ein weißes Hemd und eine einfarbige Krawatte, gegebenenfalls mit Orden. Die Damen tragen ein Kleid oder ein elegantes Kostüm mit Handschuhen, eventuell mit Hut. Bei der Begrüßung neigen die Herren den Kopf (sie »machen den Diener«), die Damen machen einen *Hofknicks* (siehe auch: *Protokoll*). Auch Majestäten und Staatsoberhäupter werden nie unaufgefordert angesprochen, sondern man antwortet auf ihre Fragen. Königliche Häupter werden mit »Majestät« angesprochen und man fasst sie, außer beim Handschlag, nicht an.

Aufzug Einen Aufzug benutzt man nur, wenn es wirklich notwendig ist. Es ist verblüffend, dass wir in einer Zeit leben, in der die Menschen Fitness-Trainings absolvieren, aber auf dem Weg dorthin Aufzug und Auto benutzen. Ein bis zwei Stockwerke sollte man zu Fuß bewältigen, für alles, was darüber hinaus geht, sind Lifte akzeptabel. Man drängelt sich nicht in einen bereits vollen Lift und betritt man einen Aufzug, so lässt man Damen und älteren Herrschaften den Vortritt und grüßt die Mitfahrenden.

Auskunft Wenn man um Auskunft gebeten wird, zum Beispiel auf der Straße nach dem Weg gefragt wird, sollte man stets freundlich antworten. Verlangt man selbst nach einer Auskunft, ist es wichtig, höflich zu fragen und dem Angesprochenen nicht das Gefühl zu geben, er sei ein »sprechendes Straßenschild« oder ein Eingeborener, der »Danke!« und »Bitte!« nicht versteht.

Sollte man aus dem *Auto* (siehe auch: *Auto, Auto fahren*) heraus einen Hinweis erbitten, dann fährt man mit dem Wagen an den Straßenrand, hält an und ersucht höflich, die Aufmerksamkeit eines Passanten mit »Bitte entschuldigen Sie! Kann ich Sie um eine Auskunft bitten?« oder ähnlichen Worten zu erhaschen. Bei »Hey, Sie! Wissen Sie, wo die Hauptstraße ist?« oder, paternalistisch, »Na, guter Mann? Sagen Sie mir, wo die Hauptstraße ist?« darf man sich hingegen nicht wundern, wenn man mutwillig in die falsche Richtung geschickt wird.

Auto Wenn man bedenkt, wie viel Zeit man im *Auto* (siehe auch: *Auto fahren*) verbringt, könnte man fast von einem zweiten Wohnzimmer sprechen. Dementsprechend sollte das Fahrzeug auch aussehen. Nicht nur, um sich selbst einen Gefallen zu tun, sondern vor allem auch einem eventuellen Fahrgast zuliebe. Dem Auto größere Bedeutung beizumessen als dem eigenen Zuhause ist allerdings auch peinlich. Wunderbäume, Teppiche, Toilettenpapierrollen mit »Häubchen« auf der Ablage und Ähnliches sind etwas für Taxis.

Zweifelsohne gibt es Autos, die »man« fahren kann, und andere, die weniger geeignet sind. Welche Marken man in Deutschland keinesfalls fahren sollte, außer man ist der britische Botschafter oder Herrenschneider in München, sind *Rolls-Royce* oder *Bentley*. *Rolls-Royce* ist die Königin der Automarken, aber in Kontinentaleuropa gilt *Rolls*-Fahren als angeberisch und ordinär – obwohl viele »RR-Enthusiasten« dies sicher nicht gerne hören. Überlange Stretch-Limousinen sind ebenfalls etwas suspekt, außer im Showbusiness oder für Betreiber mittelständischer Betriebe auf St. Pauli in Hamburg. Besonders schick, weil Understatement und Nonchalance auf die Spitze getrieben werden, sind Mini-Kleinwagen jeglicher Marken.

Auto fahren Verkehrsrowdytum und Road Rage sind Zeichen einer verrohenden Gesellschaft. Es ist überaus interessant, mit welcher Leichtigkeit sich so mancher im Auto über Grundregeln des Benimms hinwegsetzt. Womöglich vermittelt das *Auto* (siehe auch: *Auto*) ein Gefühl der Abgeschlossenheit, die es einem erlaubt, Aggressionen auszuleben, die man sich – ungeschützt von einem Chassis – nicht zugestehen würde. Der erste Paragraph der Straßenverkehrsordnung ist so allumfassend formuliert, dass jede weitere Ergänzung und Erläuterung eigentlich überflüssig sein sollte, er lautet: »Die Teilnahme am Straßenverkehr erfordert ständige Vorsicht und gegenseitige Rücksicht. Jeder Verkehrsteilnehmer hat sich so zu verhalten, dass kein anderer geschädigt, gefährdet oder mehr, als nach den Umständen unvermeidbar, behindert oder belästigt wird.« Hier dennoch ein paar Regeln, die immer wieder verletzt werden:

Man wirft keinen Abfall (etwa Zigarettenstummel) aus dem Fenster. Von der Hupe macht man nur im Ausnahmefällen Gebrauch. Man gestikuliert nicht wütend, etwa wenn man überholt wird oder selber überholt. Auf der Autobahn ist drängelndes Auffahren bis auf Handtuchbreite auf der Überholspur ebenso verboten wie ungehörig. Mit Schleichtempo auf der Überholspur schnellere Autos aufzuhalten ist ebenso rücksichtslos, aber leider nicht verboten.

B

Badehose Ein Herr trägt Badehosen in Form von Shorts (also mit Beinansätzen) und nie und unter keinen Umständen eine tangaartige Ausführung. Wer dementsprechende Badehosen im Schrank hat, möge bitte sofort das Buch zur Seite legen, um sie zur Altkleidersammlung zu geben.

Badekostüm Bikinis sind für Mädchen und junge Frauen, wenn man nicht gerade in einem arabischen Land Ferien macht, völlig akzeptabel, solange man die Figur dafür hat (und keine *G-Strings* verwendet!). Badekostüme, die mehr verbergen, als sie freilegen, sind meistens nicht nur schöner, sondern auch sexyer.

Bademantel Der Bademantel ist ein Kleidungsstück, in dem man sich nicht außerhalb seiner privaten Gemächer aufhalten sollte. Den Bademantel auch außerhalb des Badezimmers zu tragen, solange man sich in den eigenen vier Wänden aufhält, zum Beispiel sonntags, ist natürlich in Ordnung, nur sollte man keinesfalls Besuch darin empfangen und ihn möglichst bis zur Mittagszeit gegen angemessene Kleidung getauscht haben. Frühmorgens (was das genau bedeutet, soll hier nicht vorgeschrieben werden, endet unseres Erachtens aber spätestens gegen 10 Uhr) Post oder Pakete im Bademantel anzunehmen ist akzeptabel. Nur Künstler dürfen sich erlauben, den lieben langen Tag im Bademantel herumzulaufen (wie es zum Beispiel *Julian Schnabel* gerne tut).

Begrüßung Es gehört zur guten Erziehung, Menschen, die einem mehr als nur flüchtig begegnen, zu begrüßen und sich gegebenenfalls *vorzustellen* (siehe auch: *Vorstellen*). Oft verrät ein Händedruck bereits alles: Seinem Gegenüber schaut man dabei in die *Augen* (siehe auch: *Gespräch*), schenkt ihm die volle Aufmerksamkeit. Ein Herr zeichnet sich durch einen kräftigen, wenn auch nicht »gewaltsamen« Händedruck aus. In unserer Gesellschaft werden Damen über 30 und verheiratete Damen, auch wenn sie jünger sind, mit *Handkuss* (siehe auch: *Handkuss*) begrüßt.

Auch in einer Zeit, in der viele Sitten über Bord geworfen werden, gibt es noch ein paar wichtige Regeln: zum Beispiel die, dass ein Herr aufsteht, wenn eine Dame sich nähert, beispielsweise das Wohnzimmer betritt (das bei uns übrigens »Salon« heißt), im Restaurant an den Tisch kommt oder diesen wieder verlässt. Dieser Regel liegt die Maxime zugrunde, dass ein Herr in Gegenwart einer stehenden Dame niemals sitzt. Wenn sich eine Dame nähert und ein Herr nicht aufsteht, kann dies in gehobenen Kreisen nur zwei Gründe haben: Entweder er sitzt im Rollstuhl oder er ist tot. Ein Gentleman soll einmal für seinen Grabstein die Aufschrift veranlasst haben: »Entschuldigen Sie, dass ich nicht aufstehe!«

Müssen Damen aufstehen, wenn ein Herr den Raum betritt? Selbstverständlich nicht.

Bequemlichkeit Eine ziemlich verlässliche Faustregel lautet: Alles Bequeme und Praktische ist im Zweifelsfall spießig. Angefangen vom Tragen von Jogging-

Das Sitzfleisch der Jugend

Meine liebe Großmutter Sofia, die aus der alten sizilianischen Familie der Lanza di Trabia stammte, war eine Respekt einflößende Person und verfügte über einen ausgeprägten Sinn für Ironie. Gute Erziehung gehörte zu den Dingen, bei denen sie keinen Spaß verstand, und noch immer höre ich sie sagen: »Den jungen Leuten von heute fehlt es schon sehr an Benehmen!« Doch als Grande Dame *– denn weiß Gott, das war sie – war sie sich auch zu fein, die Lehrerin zu spielen, und tadelte jemanden nur dann direkt, wenn sie die Person sehr liebte. Das hieß aber nicht, dass sie ungezogenes Verhalten von ihr weniger nahe stehenden Menschen einfach hinnahm.*

So erinnere ich mich an eine Situation in ihrem Palazzo, es war Sommer und ein paar junge Freunde waren zu Besuch. Meine Großmutter betrat den Raum und die jungen Leute, alle aus sehr gutem Hause, taten nicht einmal andeutungsweise so, als würden sie sich erheben wollen. Um die Freunde ihrer Töchter und Enkelinnen nicht zu tadeln, ihnen aber unmissverständlich zu zeigen, wie man sich zu verhalten habe, sagte sie nur ganz nonchalant: »Aber bitte, bitte, bleibt doch sitzen!« Die jungen Leute schauten ein wenig verdutzt, saßen sie doch sowieso bequem in-

ihren Sesseln, realisierten ihren Fauxpas und beim nächsten Mal, als meine Großmutter den Raum betrat, standen sie alle auf, auch die Mädchen.

Donna Alessandra

anzügen, wenn man nicht joggt, über allzu bequeme Sessel im Wohnzimmer, die eher Liegewiesen ähneln, bis hin zu Hausschuhen und Seifenspendern neben dem Waschbecken.

Bescheidenheit Bescheidenheit ist die Kardinaltugend gentiler Menschen. Nur wer über genügend Selbstbewusstsein verfügt, kann es sich leisten, bescheiden zu sein. Nur wer über Selbstachtung verfügt, kann über Demütigungen hinwegsehen. Wer wahre Größe in sich trägt, muss sich nicht durch *stolzes Gehabe* (siehe auch: *Understatement*) von seinen Nächsten abheben. Der perfekte Gentleman ist jemand, der anderen den Vortritt lässt, nicht auf den eigenen Vorteil sieht und sich generell in Zurückhaltung übt.

Beschweren (sich) Dass das Leben zuweilen *beschwerlich* (siehe auch: *Unzufriedenheit*) ist, ist eine seiner Gegebenheiten. Man beschwert sich nicht noch darüber, zumal das eine Belästigung für »Beistehende« bedeutet. Selbstverständlich muss man sich, zum Beispiel als Kunde, nicht alles gefallen lassen. Wenn sich die Mühe lohnt, kann man durchaus seine Unzufrie-

Über das Sichbeschweren in England

»Man beschwert sich nicht. Sich beschweren ist sehr unenglisch. Wenn Sie eine halbe Stunde in einem Geschäft warten gelassen werden, wenn ein Straßenbahnschaffner Sie anschnauzt, wenn Ihnen der Ober eiskaltes Essen bringt – man lässt sich nichts anmerken. Die starre Oberlippe ist ›the British way‹. Nur Holländer und Albaner (und vielleicht ein paar Iren, Tschechen und so) machen deswegen ein Aufsehen, beschweren sich lautstark oder rufen nach dem Geschäftsführer. Wenn man in England den Fehler begeht, sich in solchen Situationen zu beschweren, kann man sicher sein, dass sich die Situation gegen einen dreht, der Kellner heiße Soße in Ihren Kragen schüttet, manche im Hintergrund Sätze murmeln wie ›Wer glaubt der, das er ist?‹ oder ›Manchen kann man's einfach nicht recht machen‹. Also: Beschweren Sie sich nicht und denken Sie an den Nationalslogan: ›It's one of those things.‹ Wenn Ihr eben gekaufter Toaster in Flammen aufgeht, nickt man: ›It's one of those things‹, und die Sache ist damit erledigt. Abgesehen davon, dass es sehr unenglisch, unschottisch und unwalisisch ist, sich zu beschweren, gibt es noch einen anderen Grund, warum es keinen Grund gibt, seinen Mund aufzumachen. Die hören Sie nicht einmal, ihre Ohren verstehen solche Töne gar nicht. Ein Freund von mir, ein Drehbuchautor, war regelmäßig Gast in einem berühmten und teuren Restaurant in Londons Soho. *Um exakt 14 Uhr (und abends um 21 Uhr) pflegte ein älterer Herr, und das seit siebenunddreißig Jahren, von Tisch*

zu Tisch zu gehen, sich jeweils leicht zu verbeugen und zu fragen: ›Did you enjoy your meal?‹ In siebenunddreißig Jahren antworteten Tausende von gut erzogenen Briten mit den Worten: ›Very much indeed.‹ Der ältere Herr pflegte sich ein weiteres Mal leicht zu verbeugen und mit einem ›Thank you very much‹ zum nächsten Tisch zu gehen. Eines Tages muss das Mittagessen meines Freundes derart miserabel gewesen sein, dass er (holländische Mutter, albanischer Vater, eine irische, eine tschechische Großmutter) beschloss, die nackte Wahrheit zu sagen. Um exakt 14 Uhr kam der antiquierte Geschäftsführer, wie gewöhnlich, aus seiner Tür. Als er den Tisch meines Freundes erreichte, verneigte er sich und fragte abermals jene seit siebenunddreißig Jahren millionenfach gestellte Frage ›Did you enjoy your meal, Sir?‹ Mein Freund antwortete: ›Not at all. It was lousy.‹ Der Geschäftsführer verneigte sich mit seinem üblichen, zufriedenen Lächeln, sagte ›Thank you very much, Sir‹ und ging weiter.«

George Mikes *in »How to be Decadent«*

denheit zum Ausdruck bringen, aber dann in gedämpftem, sachlichem Ton. In höheren Kreisen gilt es generell als unfein, zu lamentieren. Über den Dingen zu stehen, das ist die Devise. Unwägbarkeiten des Lebens werden stoisch ignoriert.

Besserwisser Für den Fall, dass Sie etwas besser wissen: im Geiste bis zehn zählen und innerhalb dieser

Zeit noch einmal prüfen, ob es wirklich sinnvoll ist, die eigene Ansicht zum Besten zu geben. Meistens tut man sich den größten Gefallen, wenn man schweigt.

Besuch Das *Besuchen* (siehe auch: *Hausgast*) von Freunden und Bekannten ist eine schöne Sitte, die leider immer mehr aus der Mode kommt. Man lebt zu Hause, fährt in den *Ferien* (siehe auch: *Reisen*) meist in die Fremde und denkt kaum noch daran, dass man früher, statt ins Ausland zu fahren, bei Verwandten und Bekannten seine Aufwartung machte, meist mit der ganzen Familie im Schlepptau. Bedenken Sie, dass Sie sich bei Ihren Gastgebern rechtzeitig anmelden, selbst wenn Sie relativ spontan vorbeischauen möch-

Der Friedhof des Kuscheltiers

Ein mir bekanntes junges Ehepaar hält sich einen entzückenden beigefarbenen Labrador – der es allerdings meist davon abhält, Freunde zu besuchen. Es möchte seinen Hund nicht alleine lassen, aber ebenso ungern mit dem Tier verreisen, weil dies von vielen Gastgebern als Zumutung empfunden wird.

Neulich ließen sie sich dennoch überreden. Eine gemeinsame Freundin lud das Ehepaar übers Wochenende auf ihren Landsitz ein. Sie bestand darauf, dass die beiden ihren Hund mitnehmen sollten, die ganze Familie sei tierlieb. Gerade hätten die Kinder ein wunderschönes weißes Kaninchen geschenkt bekommen und sie seien überhaupt sehr in Tiere vernarrt. Nach einigem Hin und Her sagte das Paar schließlich zu, verabredete aber die Ankunft für spätabends. Die Gastgeber hatten an besagtem Abend einer auswärtigen Essenseinladung zugesagt und konnten das Ehepaar daher nicht selbst empfangen. Als die beiden das Landhaus erreichten, zeigte ihnen die Haushälterin ihr Zimmer, von dessen Terrasse aus man den wunderschönen Park überblicken konnte. Während das Paar auspackte, tollte der Labrador noch eine Weile im Park herum. Die beiden machten sich gerade bereit, ins Bett zu gehen, als der Labrador schwanzwedelnd an der Terrassentür auftauchte und in seiner riesigen Schnauze stolz ein erlegtes Kaninchen präsentierte. Trotz der starken Verschmutzung war unschwer zu erkennen, dass es sich um ein weißes Kaninchen handelte. Um den Hals trug es ein rosa Schleifchen, woran ein Herz mit der Aufschrift »Putzi« hing. Das Ehepaar war zu-

nächst gelähmt vor Schreck: Dass es sich bei Putzi um das geliebte Hauskaninchen handelte, war ebenso unzweifelhaft wie dessen Exitus. Doch statt in Panik zu verfallen, bewies der Ehemann Geistesgegenwart und Fantasie. Er nahm seinem Hund mit einem strengen »Aus!« das Kaninchen weg, brachte es ins Badezimmer und fing an, es gründlich zu waschen. Danach föhnte und bürstete er das Fell des toten Tieres und begab sich, da die Gastgeber offenbar noch nicht von ihrem Essen zurückgekehrt waren, schnurstracks in den Salon des Landhauses, wo er das Kaninchen, wie einen Plüschhasen, zwischen zwei Kissen aufs Sofa platzierte. Das Kaninchen sah aus, als würde es schlafen. Schließlich ging der Mann zurück ins Schlafzimmer, als ob nichts gewesen wäre.

Als sich die beiden am Morgen mit ziemlich flauem Gefühl aufmachten, um zum Frühstück zu gehen, hörten sie die Hausherrin rufen: »Ein Wunder! Ein Wunder ist geschehen! Unser Kaninchen ist wieder da!« Die beiden taten natürlich so, als wüssten sie von nichts. Beim Frühstück wurde ihnen dann erklärt, was es mit dem »Wunder« auf sich habe: »Es ist etwas Unglaubliches geschehen«, erklärte die Gastgeberin, »gestern ist das kleine Kaninchen der Kinder verendet, und um sie ein wenig zu trösten, haben wir eine kleine Trauerfeier abgehalten und es im Garten begraben. Gerade komme ich in den Salon, da sehe ich es auf dem Sofa sitzen!«

Das junge Paar gab sich allergrößte Mühe, sich nichts anmerken zu lassen, obwohl ihm in dem Moment klar wurde, dass sein Hund das Kaninchen nicht getötet hatte. Er hatte es nur ausgegraben. Leider hatte auch die Gastgeberin ziemlich bald bemerkt, dass das Kaninchen nicht schlief, sondern tot war. Die ganze Angelegenheit wurde dennoch nonchalant übergangen. Nonchalant übergangen wurde seitdem auch das junge Paar, das aus diesem Hause keine Einladung mehr erhielt.

Donna Alessandra

ten. Nehmen Sie sich Zeit für gelegentliche Besuche bei Verwandten und Freunden. Besuche sind Gesten der Verbundenheit und meist ein Vergnügen für Besucher wie Besuchte, wenn man sich sowohl als Gast wie auch als Gastgeber zu benehmen weiß.

Bigotterie Aus südeuropäischer Sicht gibt es sehr viel Schlimmeres als Bigotterie. Offene Lasterhaftigkeit zum Beispiel. Für einen katholischen Römer ist es, im Vergleich etwa zu einem Protestanten aus Basel, nicht ungewöhnlich, morgens zu sündigen und abends zu beichten. Da die Sündhaftigkeit des Menschen Teil der menschlichen Natur ist, wird ihr in südlichen Kulturen auch mit weniger Rigorosität begegnet. Als *Luther* den Deutschen sagte »Peccate fortiter!«, sie also aufforderte, »heftiger zu sündigen«, meinte er damit nicht, wir sollten mehr sündigen, sondern uns unserer Feh-

Wie man in der Kirche Geld spart

Heutzutage reagieren die meisten Menschen überrascht, wenn man im normalen, alltäglichen Leben Umgang mit kirchlichen Würdenträgern pflegt. Viele sind der Ansicht, dass es ausreiche, den Priester sonntags aus sicherer Entfernung hinter dem Altar oder bei anderen ausschließlich religiösen Anlässen zu sehen. Außerhalb der Kirche erscheint ihnen jeglicher Kontakt überflüssig. Einer meiner besten Freunde hingegen ist ein Monsignore. Er ist kultiviert und intelligent und man kann mit ihm nicht nur über Gott, sondern auch über die Welt reden. In meinem Freundeskreis werde ich manchmal wegen meines regelmäßigen Umgangs mit dem Monsignore verspottet.

Letztens saß ich neben einer Dame, die kein Geheimnis daraus macht, dass sie Unmengen an Geld beim Psychotherapeuten lässt. Als sie anfing, mich wegen meines priesterlichen Umgangs zu necken, kehrte ich den Spieß um. Am Ende unseres Gesprächs hatte ich sie sehr nachdenklich gemacht, denn unter anderem hatte ich ihr vorgerechnet, wie viel Geld ich durch so eine fürsorgliche Seelsorge spare (man muss wissen, mit welchen Argumenten man welche Leute überzeugt!). Meistens ist es schließlich wesentlich einfacher, sich in Sorgen und Nöten dem Beistand eines

Priesters anzuvertrauen. Die Institution der Kirche hat, was den routinierten Umgang mit Seelennöten angeht, knapp 2000 Jahre mehr Erfahrung als die Psychoanalyse, und statt die eigenen Sorgen »bei sich selbst (oder gar bei seinem Nächsten) abzuladen«, werden sie in der Kirche ins rechte Verhältnis gerückt.

Donna Alessandra

lerhaftigkeit bewusster werden und sie nicht verdrängen. Damit sprach er ein altes nordeuropäisches Übel an, sich seine Sündhaftigkeit nicht eingestehen zu wollen und den Ehrgeiz zu haben, sündenfrei zu sein.

Blume im Knopfloch Das Tragen einer Blume im Knopfloch ist in Deutschland, außer vielleicht bei Hochzeiten, Taufen, großen Festen, Pferderennen usw., völlig aus der Mode geraten und gilt im Alltag als ein wenig dandyhaft. Wer aber nicht eitel wirkt und solche Accessoires mit einer gewissen Selbstverständlichkeit zu tragen weiß, kann überaus distinguiert damit aussehen.

Gewisse Blumen eignen sich besser als andere. Niemand würde auf die Idee kommen, eine Orchidee ins Knopfloch zu stecken, auch eine Rose wirkt eher affektiert. Klassische Blumen fürs Revers sind Nelken oder Margeriten.

Blumen Blumen samt beigefügtem Kärtchen werden in erster Linie von Herren verschickt. Ein Herr

Die Nelken meines Mannes

Mein Mann hatte eine wunderbare Angewohnheit. Jeden Tag steckte er sich eine Nelke ins Knopfloch. Damit hatte er sich so eine Art Markenzeichen geschaffen, mit dem er unverwechselbar wurde. Jeden Morgen standen zwei Nelken, eine rote und eine weiße, in einem kleinen Wasserglas für ihn bereit. So konnte er wählen. Manchmal trug er eine rote, manchmal eine weiße Nelke. Niemals hätte er eine andere Farbe gewählt, immer nur Rot oder Weiß. Ich versuchte oft zu ergründen, warum er manchmal tagelang die gleiche Farbe trug und manchmal jeden Tag wechselte. Lag es an seiner Tageslaune oder an seinem Biorhythmus? Auf die Frage »Warum hast du heute Rot gewählt?«, antwortete er einfach: »Heute war mir nach Rot zumute.« Ich konnte keinen Zusammenhang zwischen äußeren Umständen und Farbwahl erkennen. Eines war jedoch bemerkenswert: Er trug immer eine Nelke im Knopfloch, jeden Tag, auch im Ausland. Irgendwie schaffte er es stets, an frische Nelken zu gelangen. Das war als Hotelgast gewiss einfacher als als Gast bei Freunden.

Einmal waren wir über Nacht in das Privathaus von Freunden eingeladen. Dort gab es weit und breit keinen Blumenhandel. Beim Spaziergang durch den Garten unserer Gastgeber sah ich ein Blumenbeet mit blühenden roten, gelben und weißen Nelken. »Wunderbar«, sagte mein Mann, »da kann ich mir morgen früh sicher eine Nelke pflücken.« Am nächsten Tag ging ich hinaus, um ihm diese kleine Freude zu bereiten, und kam mit einer weißen Nelke zurück. (Natürlich nicht mit einer gelben!) Freudig zupfte er sich die

Nelke zurecht und steckte sie in das Knopfloch seines Revers.

Wir saßen gerade mit unseren Gastgebern und ihren Kindern am Frühstückstisch, da sah ich eine kleine Raupe aus der Nelke herauskrabbeln. Sie kletterte geradewegs in Richtung Gesicht. Es war kein guter Moment, um das Gespräch zu unterbrechen und auf die rasch nach oben kletternde Raupe aufmerksam zu machen. Ich versuchte es mit Handzeichen, doch mein Mann sah mich nur verwundert an. Er war so in sein Gespräch mit dem Hausherrn vertieft, dass ich mich entschloss, aufzustehen und die Raupe zu entfernen. Ob unhöflich oder nicht, ich musste jetzt aufstehen, um meinen geliebten Mann von dem Tier zu befreien. Als ich mich über Johannes' Schulter beugte, sah ich, dass die Raupe schon auf seiner Lippe saß, und während mein Mann die Kaffeetasse erhob und ich noch »Halt!« sagen wollte, hatte er das Tierchen schon hinuntergespült. »Was ist denn, Liebling?«, fragte er erstaunt. »Ach, nichts«, sagte ich, »ich dachte nur, du hättest dich am Revers befleckt.« Ich ging wieder an meinen Platz zurück, trank meinen Kaffee und dachte mir, das muss doch sehr bitter geschmeckt haben. Später, als wir allein waren, fragte ich ihn, ob er etwas bemerkt hätte, da sagte er nur: »Ja, ich hatte einen Moment lang etwas Bitteres im Mund, aber habe nicht weiter darüber nachgedacht.«

Fürstin Gloria

schenkt oder schickt einer Dame Blumen meistens, um seine Verehrung auszudrücken. Gewisse Blumen sprechen dabei eine deutliche Sprache: Die Botschaft roter Rosen ist zum Beispiel unmissverständlich. Man schickt aber auch Blumen, um zum Geburtstag zu gratulieren, um gute Genesung zu wünschen oder um sich als Gast für eine *Einladung* (siehe auch: *Einladung*) zu bedanken. Blumen für solche Anlässe sollten der Jahreszeit entsprechend geschmackvoll komponierte Buketts sein. Wirklich vornehm und unter Gastgebern sehr beliebt ist es, wenn man die Blumen vor und nicht erst nach der Party verschickt. So kann die Dame des Hauses das Bukett noch als Dekoration verwenden. Wer Blumen verschickt, sollte sie unbedingt mit seiner Adresse versehen (außer, es gibt triftige oder gar romantische Gründe für Anonymität).

Auch Damen können sich gegenseitig Blumen schenken, vor allem, wenn die *Beschenkte* (siehe auch: *Geschenk*) einen Haushalt führt, in dem sie Blumendekoration schätzt.

In Zeiten einer steigenden Anzahl *Feng-Shui*-Anhänger, der japanischen Einrichtungsphilosophie, sei angemerkt: Schnittblumen gelten im Feng Shui als nicht optimal, weil ihr Lebenszyklus abwärts zeigt. *Feng-Shui*-Freunden schenke man daher Topfpflanzen, die möglichst noch zu wachsen oder zu blühen im Begriff sind.

Es ist allgemein üblich, sich für einen Blumengruß mit einem Anruf zu bedanken. Es genügt aber auch ein persönliches Dankeschön beim nächsten Zusammentreffen, da Blumen eher als nette Geste, weniger als Geschenk, zu betrachten sind.

Brief Es ist schön, dass es auch in Zeiten rasanter Kommunikation noch Briefpost, und gelegentlich sogar noch so etwas wie Korrespondenz, gibt. Wenn man bedenkt, wie viel reichhaltiges Wissen über vergangene Epochen heutige Historiker dem Briefverkehr unserer Vorväter verdanken, sind die Historiker der Zukunft nicht zu beneiden. Mussten zum Beispiel Staatschefs, Politiker und Diplomaten einst noch schriftlich kommunizieren und Depeschen quer durch Europa schicken, greift man heute zum Telefonhörer oder verkehrt per *E-Mail* (die gelöscht wird) oder per *Fax* (das vergilbt) (siehe auch: *E-Mail, Fax*). Wer jemandem heute noch einen Brief schreibt, nimmt sich offenbar wirklich Zeit für denjenigen, dem er schreibt; insofern sind Briefe, nicht nur, weil sie seltener geworden sind, heutzutage wertvoller als früher.

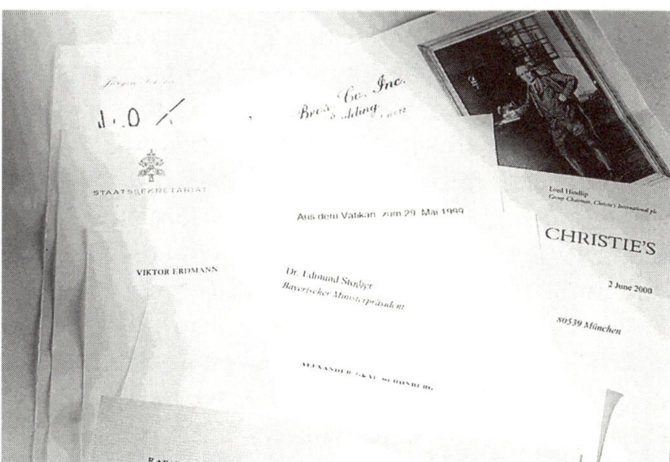

Briefe müssen aber eine gewisse *Form* (siehe auch: *Briefpapier*) haben. Persönliche Briefe schreibt man, im Gegensatz zur Geschäftspost, möglichst mit der Hand. Wer glaubt, dass seine Handschrift unzumutbar ist, sollte sich bemühen, ordentlich zu schreiben, oder er sollte wenigstens Anrede (»Lieber ...« oder »Verehrte ...«) und Gruß (»Dein« oder »Hochachtungsvoll«) mit der Hand und nur den Rest mit der Maschine oder dem PC schreiben. Wer Freunden oder Verwandten einen Brief schreibt, lässt ihn nicht von seinem Sekretariat aufsetzen, um ihn dann nur noch zu unterschreiben (womöglich noch mit einem kleinen Vermerk, aus dem diese Tatsache ersichtlich wird). Mit Freunden und Verwandten über das Sekretariat zu kommunizieren ist ungehörig. Das erlauben sich nicht einmal Staatsoberhäupter.

Da Briefe etwas Bleibendes sind, sollte man sich einigermaßen gewählt und nicht umgangssprachlich ausdrücken. Auch sollte man sich genau überlegen, was man schreibt; Indiskretionen oder Verfängliches eignen sich nicht dazu, in einem Brief zu Papier gebracht zu werden. Oft greifen Menschen erst dann zu Papier und Stift, um einen Brief zu schreiben, wenn sie verärgert sind. Gerade bei solchen im Affekt oder in der Verärgerung geschriebenen Briefen sollte man die Formulierungen so wählen, dass man sie später nicht bereut. Einen bereits in den Briefkasten geworfenen Brief zurückzubekommen ist nämlich überaus mühsam. Manchmal hilft es, dem Postbeamten aufzulauern, der den Briefkasten entleert, doch auch dann ist es eher unwahrscheinlich, dass er Ihnen den Brief aushändigen wird – außer, er ist mit Absender versehen und Sie können sich ausweisen.

Auf jedem Brief (übrigens auch auf Postkarten) sollten Ort und Datum vermerkt sein und auf dem Umschlag diskret, aber sichtbar, der Absender. Und: Wichtig sind die richtige Adresse, insbesondere auch die richtige Schreibweise des Namens des Adressaten, was den genauen akademischen oder adeligen *Titel* (siehe auch: *Adel, Anrede, Hoheiten*) einschließt, und natürlich genügend Porto.

Briefpapier Briefpapier sollte nicht zu auffällig und pompös sein. Wer sich sein eigenes Briefpapier für private Zwecke drucken lässt, versieht es mit Vor- und Nachnamen (gegebenenfalls mit dazugehörigem Titel), Anschrift, Telefonnummer und E-Mail-Adresse. Wem Krone und Wappen zustehen, der kann diese ebenfalls verwenden, aber bitte klein und nicht zu angeberisch. Hier unterläuft vielen der gleiche Fehler wie beim Siegelring: je kleiner der Adel, desto größer geraten oft die Wappen und Verzierungen. Man kann auch nur die Adresse, den Namen seines Hauses auf das Briefpapier drucken lassen. Wichtig ist lediglich, dass der Empfänger auf den ersten Blick erkennen kann, wer der Absender ist.

Bücher Jeder Haushalt sollte eine, wenn auch kleine, Bibliothek haben. Die *Bibel,* den *Talmud* oder den *Koran* sollten Sie, je nachdem, welcher Religion Sie angehören, ebenfalls im Haus haben. Die Mindestanzahl an Büchern, die eine solche Bibliothek umfassen soll-

Warum Vater so viel las

»Die Arbeitssphäre meines Vaters im obersten Stock war sakrosankt. Er hatte sich den Raum ausgewählt, weil er der abgelegenste und somit der ruhigste innerhalb des Hauses war. An die Tür hatte er seine Visitenkarte mit einer Reißzwecke befestigt, ›Geheimrat Sombart‹. Man konnte den Raum nicht betreten, ohne anzuklopfen. (…) Dass er schrieb, war klar. Er schrieb Bücher, und die konnte ich sehen, lange bevor ich die Titel entziffern konnte. Aber warum las er so viele und bestellte immer neue? Pakete kamen fast täglich ins Haus, und ich durfte helfen, sie auszupacken. (…) Dann wurden sie durchgearbeitet, annotiert und exzerpiert, um schließlich an der richtigen Stelle in die Bibliothek eingeordnet zu werden. Auch daran wurde ich oft beteiligt. Die Topologie dieser Bibliothek war ein klassifikatorisches Kuriosum: Geographische, thematische und Gesichtspunkte persönlicher Präferenz hatten da zusammengespielt, in ihr strukturierte sich ein Weltbild. Aber warum musste er so viel lesen? Wenn ich ihn fragte, sagte er: ›Um den Nordpol nicht zum zweiten Mal zu entdecken.‹«

Nicolaus Sombart
in »Jugend in Berlin«

te, sinkt stetig. Der erste *Lord Rothschild* fragte einst einen Freund: »Wie viele Bücher besitzt ein Gentleman?« Und der antwortete: »Zwanzigtausend.« Heutzutage liegt die Mindestzahl etwa bei eintausend Bänden. Wer in Wohnungen mehr Videos, CDs und DVDs als Bücher hat, sollte anfangen, sich Sorgen zu machen, oder sich erkundigen, wo er in seiner Stadt Bücher zum Kilopreis erwerben kann, um zumindest kosmetisch Abhilfe zu schaffen.

Ein paar Werke der Weltliteratur sollte man zu Hause haben, zum Beispiel *Goethes* und *Schillers* »Gesammelte Werke«, *Prousts* »Suche nach der verlorenen Zeit«, *Tolstois* »Krieg und Frieden«. Und einige Werke sollte man darüber hinaus tatsächlich auch gelesen haben, dazu gehören unter anderem *Dantes* »Göttliche Komödie«, *Machiavellis* »Fürst«, das erste Kapitel von *Cervantes'* »Don Quichote«, *Swifts* »Gullivers Reisen«, *Dostojewskis* »Idiot«, *Flauberts* »Madame Bovary«, *Thomas Manns* »Buddenbrooks« und »Zauberberg«, *Kafkas* »Schloss«, *Roths* »Kapuzinergruft«, *Musils* »Mann ohne Eigenschaften«, *Orwells* »1984« und *Primo Levis* »Ist das ein Mensch?«.

C

Charity-Ball
Contenance
Curriculum Vitae

Charity-Ball Seitdem man angefangen hat, sich fürs Dolce Vita zu schämen, also etwa seit den 80er-Jahren, hat die obere Gesellschaft einen altbekannten Trick instrumentalisiert, um ausschweifend feiern zu können, ohne dabei ein *schlechtes Gewissen* (siehe auch: *Gute Tat*) haben zu müssen: den Charity-Ball, der heute meist Charity-»Event« heißt. Die Teilnahme an solchen Bällen sollte sehr selektiv gehandhabt werden, ganz vermeiden kann man sie nicht. Elegant ist es allerdings, Geld zu spenden (zum Beispiel mehr als die Einladungskarte oder ein Tisch kostet, auch wenn man daran nicht teilnehmen möchte).

Contenance *Coolness* ist keine Erfindung der Neuzeit, früher hieß sie nur anders. Die Fähigkeit, auch in schwierigen Situationen die Fassung bewahren zu können, die eigenen Empfindungen und Gefühle für sich zu behalten und nicht nach außen zu kehren, nannte man früher »Contenance«. Die in England unter guten Familien vererbte *stiff upper lip*, die zuweilen zu einer Neurosen fördernden Unterdrückung jeglicher Gefühle wird, geht für kontinentalen Geschmack zu weit.

Curriculum Vitae Einen schriftlichen Lebenslauf sollte jeder parat haben, der noch nicht den Zenit seiner Karriere erreicht hat, denn er stellt nichts anderes dar als die exakte, mit genauen Daten versehene Bilanz der beruflichen und persönlichen Leistungen.

Ein CV sollte gedruckt – also nicht mit der Hand geschrieben – und in tabellarischer Form abgefasst sein. Am Anfang stehen die persönlichen Daten (Name,

Adresse, Geburtsdatum, Familienstand), gefolgt von den Angaben zu Ausbildung (Schule, Universität, Akademien etc.) und beruflichem Werdegang. Den Abschluss eines CVs bilden Informationen über die eigene Person: zunächst besondere Kenntnisse und Fähigkeiten (Fremdsprachen, Software-Kenntnisse etc.), aber auch soziale Engagements, Sportarten und gegebenenfalls Hobbys.

D

Danken Schon als Kind wird einem beigebracht, »Danke« und »Bitte« zu sagen; bis zum Erwachsenenalter haben dies die meisten schon wieder vergessen. Wie oft erlebt man es in alltäglichen Situationen, dass Menschen nicht mehr »Danke!« sagen – weil sie mürrisch sind oder glauben, sie hätten sich eine Dienstleistung erkauft und seien daher nicht zu Dank verpflichtet. Der Kellner, der einem etwas gebracht hat, die Stewardess, die einem etwas reicht, der Taxifahrer, der einem die Tür aufhält, der Postbote, der einem das Paket in den dritten Stock bringt – alle haben sie ein Dankeschön verdient. Sind Sie bei jemandem zu Gast gewesen, dann bedanken Sie sich; hat man Sie zum Essen eingeladen, ebenfalls. Danken kann man als *höflicher Mensch* (siehe auch: *Entschuldigung*) nie genug.

Defätismus Eine besonders unangenehme Marotte, die manche Zeitgenossen pflegen, ist das Schlechtmachen. Man erzählt: »Ich fahre diesen Winter nach Kitzbühel.« Man bekommt die Antwort: »Da liegt doch kein Schnee!« Man sagt: »Ich habe mir heute Schuhe von Prada gekauft.« Antwort: »Die sind doch in ein paar Monaten nicht mehr schön.« Man erwähnt: »Heute spielen sie in der Philharmonie Schuberts *Unvollendete*.« Antwort: »Und dafür gehst du hin?!« usw. Viele Leute verwechseln diese Marotte, auf alles eine abweisende Bemerkung zu machen, mit Lässigkeit oder gar Charme.

Diät Eleganter als die Diät ist das *Fasten* (siehe auch: *Fasten*). Diäten sind etwas für Wohlstandsopfer. Unerträglich sind Menschen, die ständig von ihrer aktuel-

len Diät berichten. Wer nicht isst, bis ihm das Essen bis zum Hals steht (und deswegen ordinäre Beschwerden, wie Sodbrennen, nicht kennt), wer weitgehend auf fettes Essen verzichtet, viel Obst und Gemüse statt Brot, Nudeln und Wurst isst, der braucht keine Diäten.

Diskretion Es ist ein Zeichen von Sensibilität und Klugheit, Gesehenes und Gehörtes zur Kenntnis nehmen zu können, ohne darüber mit anderen zu reden und Kommentare dazu abzugeben. Wer *Indiskretionen* (siehe auch: *Lästern*) weitergibt, sollte wenigstens darauf achten, diese erzählen zu können, ohne sich durch Details zu verraten, weil sonst nur allzu schnell klar wird, aus welcher Quelle die Information stammt.

Dreißig Die 30 ist eine zentrale Zahl, was das Benehmen angeht, denn bis zu seinem 30. Lebensjahr darf man sich eine Menge erlauben. Irgendwann aber kommt der Moment, da man merken sollte, dass man die Privilegien nicht mehr genießt, die man der Jugend noch verständnisvoll zugesteht.

Das sollte sich auch in der *Kleidung* (siehe auch: *Kleidung*) äußern, zum Beispiel sollte man als Herr in der Regel – außer in den Ferien oder in der Freizeit – Jacke und Krawatte tragen, keine Bluejeans und jedenfalls keine T-Shirts. Als Dame kleidet man sich nicht mehr wie ein junges Mädchen und fängt langsam an, zurückhaltender Haut zu zeigen.

Aber das 30. Lebensjahr sollte sich auch im Benehmen niederschlagen: Man legt eine gewisse Zuverlässigkeit an den Tag und sollte Stabilität und Kontinuität in sein Leben gebracht haben. Bis zu seinem 30. Lebensjahr darf man eine Menge Dinge einmal ausprobiert haben, danach sollte man es besser bleiben lassen (zum Beispiel *Bungee-Jumping,* Disco-Touren auf Ibiza, die *Love Parade,* Rauschgift etc.).

E

Eifersucht
Einladung
Eitelkeit
E-Mail
Empfehlung
Engagement
Entschuldigung
Erziehung
Essen
Exhibitionismus
Extravaganz

Eifersucht Eifersucht ist eine Leidenschaft, die mit Eifer sucht, was Leiden schafft. Nährboden der Eifersucht sind oft eigene Minderwertigkeitsgefühle und Ängste. Auch der zwanghafte Drang nach »mehr Aufmerksamkeit« ist oft Folge der Eifersucht. Eifersucht ist unerträglich für Partner und Freunde und sollte mit Liebe und Geduld therapiert werden.

Einladung Einladungen kann man mündlich oder auch telefonisch aussprechen, aber bitte mindestens eine Woche vor dem geplanten Ereignis. Denken Sie gut darüber nach, wer einzuladen ist. Besser ein Gast weniger als jemand, der nicht in die Gruppe passt. Gedruckte Einladungen sind angemessen für formellere Anlässe, wie Hochzeiten, Bälle, größere Geburtstagsfeiern.

Steht auf der Einladung »R. S. V. P.«, daneben ein Datum und womöglich eine Adresse oder Telefonnummer, dann ist die Absage oder Zusage bis zu diesem Datum erforderlich. Wer zusagt, sollte auch bei seiner Zusage bleiben und nur in wirklichen Ausnahmefällen (zum Beispiel bei Krankheit) absagen. Nichts ist für den Gastgeber unangenehmer als Gäste, die im letzten Moment absagen. Auf der Einladung sollten Uhrzeit, Ort und Art der Veranstaltung klar erkennbar sein.

Manchmal ist es leider unvermeidbar, den einen oder anderen Gast erst in letzter Minute einzuladen, zum Beispiel wenn jemand kurzfristig abgesagt hat. Solche Einladungen sollte man aber nur gegenüber engen Verwandten oder Vertrauten aussprechen, kurz Menschen, bei denen man sicher sein kann, dass sie es einem nicht übel nehmen, als »Lückenbüßer« herhalten zu müssen.

Eine am Telefon ausgesprochene Einladung muss nicht sofort, aber zumindest »zeitnah« beantwortet werden. Vor allem sollte der Gastgeber nie den Eindruck bekommen, Sie hätten eventuell Besseres vor. Einladungen sollten immer erwidert werden, auch wenn Sie nicht den gleichen Rahmen und Umfang bie-

Eine gut gemeinte, aber unverschämte Einladung

Letztens rief mich das Büro des Vorstandsvorsitzenden eines großen deutschen Konzerns an, um anzufragen, ob ich wohl am nächsten Tag gewillt sei, nach Venedig zur Eröffnung der Filmfestspiele zu kommen. Ich würde am Ehrentisch platziert und selbstverständlich vom Flughafen abgeholt werden. Obwohl dies für mich eine traumhafte Einladung gewesen wäre, über die ich mich gerne gefreut hätte, wurde sie durch die Kurzfristigkeit, mit der sie ausgesprochen wurde, von der Traumeinladung zur Unverschämtheit. Ich antwortete, indem ich mich für die Einladung bedankte, und äußerte den Wunsch, beim nächsten Mal nicht erst einen Tag vor dem Ereignis eingeladen zu werden. Für dieses Mal lehnte ich höflich ab. Ich nehme an, dass dies keine absichtliche Kränkung war, sondern womöglich das Resultat von Unkenntnis.

Fürstin Gloria

ten können; denn allein die Geste bzw. Ihre Bemühung ist entscheidend.

Sich selber irgendwo aufzudrängen ist nicht die vornehme Art; nur bei guten Freunden kann man sich eventuell in Erinnerung bringen.

Eitelkeit Man sollte eitel darauf achten, nicht eitel zu sein (oder so zu wirken). Das gilt für Männer wie auch für Frauen. Dass Männer weniger eitel sind als Frauen, das ist ein weit verbreitetes Gerücht. Der einzige Unterschied zwischen Mann und Frau besteht darin, dass die Frau ihre Eitelkeit ungenierter äußern darf. Das war nicht immer so. Wenn man heute Filmdokumente von deutschen Hofbällen Anfang des 20. Jahrhunderts sieht, wird man feststellen, dass die Herren extravagante, farbenprächtige Uniformen trugen und die Damen vergleichsweise simple Kleider. Die Zeiten, in denen die Herren ihre »Hahnenhaftigkeit« ausleben konnten, sind seit Mitte des letzten Jahrhunderts vorbei. Was *Eitelkeit* (siehe auch: *Snobismus*) und *extravagante Garderobe* (siehe auch: *Kleidung*) betrifft, haben die Damen wieder Vortritt.

E-Mail Die elektronische Post ist ein Durchbruch für all diejenigen, die gerne kommunizieren, aber ungern stören. Ruft man jemanden an, weiß man nie, was er gerade tut, ob der Anruf gelegen oder ungelegen kommt. Die E-Mail trifft diskret ein und wartet höflich im elektronischen Postkasten, bis sie vom Empfänger abgefragt wird.

Viele »Mailer« gehen mit E-Mails noch um, als handele es sich dabei um förmliche Briefe. »Sehr geehrter Herr Sowieso, mit freundlichen Grüßen« etc. Der Charme der elektronischen Post liegt aber gerade darin, dass sie schnell und formlos verschickt wird. Der eine oder andere Rechtschreibfehler ist sozusagen Teil der Online-Etikette, weil er verrät, dass man impulsiv und spontan mailt. Es ist zum Beispiel auch erlaubt, alles in Kleinbuchstaben zu schreiben oder, wie früher beim Telex, die Umlaute durch ue, oe, ae etc. zu ersetzen.

Indiskretionen (siehe auch: *Diskretion, Lästern*) sollten nicht auf diesem Wege ausgetauscht werden, da theoretisch immer die Möglichkeit besteht, dass ein Dritter die Mail einsieht. E-Mails sollte man schnell beantworten, je schneller, desto besser. Auf eine Mail zu antworten, die schon Tage zurückliegt, ist geradezu unhöflich, außer man war auf Reisen. (Aber auch dies ist eigentlich keine Entschuldigung mehr, da es inzwischen Dutzende Anbieter gibt, die Mail-Dienste anbieten. Über ein persönliches Passwort kann man die elektronische Post in jedem Internet-Café abfragen.) Apropos Passwort: Der Sinn eines Passworts liegt darin, möglichst schwer zu knacken zu sein. Verwenden Sie als Codewort einen Begriff, der sich nicht in jedem Lexikon findet, zum Beispiel Ihren Geburtsort, einen Vornamen oder Ähnliches; sonst muss ein *Hacker* nur ein Lexikonprogramm haben, um Ihr Passwort zu knacken. Ideal sind Passwörter, die im Ganzen kein Wort ergeben, sondern sich aus einer Mischung aus Buchstaben bzw. Kurzwörtern, Satzzeichen und Ziffern ergeben. Haben Sie Kinder, könnte das Passwort zum Beispiel lauten: Ih3K! für »Ich habe drei Kinder!«

Empfehlung Um eine Empfehlung zu bitten oder für jemanden eine Empfehlung auszusprechen ist in höheren Kreisen üblich. Sei es im Berufs- oder im Privatleben, oft werden schriftliche oder mündliche Referenzen verlangt oder sind bei der Anbahnung eines Kontaktes hilfreich. Der Empfohlene, insbesondere, wenn es um eine Anstellung geht, muss allerdings der Fürsprache gerecht werden und ist seinem Mentor in dieser Hinsicht besonders verpflichtet. Seien Sie sich als Empfehlender oder Empfohlener dieser Verantwortung stets bewusst.

Engagement (politisches) Politisches Engagement wird von Land zu Land verschieden beurteilt. In England gehört es in höheren Kreisen zum guten Ton, dass sich mindestens ein Familienmitglied ins Parlament wählen lässt. Auch in Frankreich ist man hoch angesehen, wenn man ein öffentliches Amt bekleidet.

Entschuldigung Man sollte die Fähigkeit besitzen, sich aufrichtig entschuldigen zu können, und nicht nur Lippenbekenntnisse ablegen. Die aufrichtige Entschuldigung ist die einzig bekannte Wunderwaffe, die auch bei heftiger Verärgerung oft zu helfen vermag.

Erziehung Die Familie ist quasi eine Miniaturgesellschaft. Die Verhaltensmuster, die man sich im Umgang innerhalb der Familie als *Kind* (siehe auch: *Kinder*) angeeignet hat, sind das Rüstzeug, mit dem man sich später in die Gesellschaft begibt. Was man als Kind nicht lernt, zum Beispiel bei *Tisch* (siehe auch:

Meine Freundin, die Salonsozialistin

Ich kenne eine Dame aus vornehmen Kreisen, die bei gesellschaftlichen Anlässen keine Gelegenheit auslässt, auf ihre politische Meinung aufmerksam zu machen. Sie ist sozial sehr engagiert, tritt zum Beispiel für den Schutz der Wale ein und ist erklärte Gegnerin der Pelztierzucht. Einmal ist ihr ein Meisterstückchen geglückt: Sie tauchte auf einem großen Empfang der französischen Botschaft anlässlich des Nationalfeiertags auf. In ihrer Handtasche hatte sie unbemerkt ein Transparent in die Botschaft geschmuggelt. Sie drängelte sich durch die Menge der feiernden Gäste, begab sich geradewegs auf den Balkon, der auf die Piazza Farnese *hinausgeht, und entfaltete ein Transparent gegen die Atomtests der französischen Regierung irgendwo im Pazifik. Die meisten Gäste waren fassungslos, die Botschaftsangehörigen bemerkten die Aktion viel zu spät. Die Dame hatte vorher die Presse davon informiert, dass es eine kleine Überraschung geben würde. Kamerateams und Fotografen hatten sich also in Stellung gebracht und am nächsten Tag war sie in allen Medien die Nachricht des Tages. Atomtests hat sie dadurch zwar nicht verhindert, aber dafür ihren Ruf als Hasardeurin gefestigt.*

Donna Alessandra

Ein paar Reue-Tipps

Obwohl ich insgesamt ganz zufrieden sein konnte, wie die Dinge sich entwickelten, war ich an jenem Nachmittag ziemlich nervös. Ich hatte eine große Ausstellung über 100 Jahre Kinogeschichte organisiert, und es nahte der Eröffnungsabend. Der Event *war minutiös und bis ins kleinste Detail vorbereitet. Zur Eröffnung hatte ich zahlreiche Gäste eingeladen, jedoch nicht alle von ihnen waren auch zu einem anschließenden Essen gebeten. Gegen 21 Uhr teilte mir meine Sekretärin mit, dass zwei Personen erschienen seien, deren Namen sich nicht auf der Gästeliste befanden, die sich jedoch auf mich beriefen. Es handelte sich um einen guten Bekannten in Begleitung einer entfernten Cousine von mir. Da bis dahin alles perfekt gelaufen war und ich den Kopf voll tausend anderer Dinge hatte und weil mir diese unerwartete Überraschung schlicht nicht ins Konzept passte, ließ ich ausrichten, dass ich leider unmöglich Zeit hätte, sie zu sehen. Einige Tage später, als die ganze mit dem Gelingen der Eröffnungsveranstaltung verbundene Aufregung und Anspannung von mir abgefallen war, kehrten meine Gedanken wieder zu den beiden zurück. Plötzlich bedauerte ich mein Verhalten ziemlich. Ich schrieb sofort ein kleines Kärtchen, entschuldigte mich und bat sie nachträglich um Verständnis. Dabei suchte ich nicht nach Ausreden, sondern schrieb einfach, dass ich mich wie ein Idiot*

verhalten hätte. Zu meiner Erleichterung, aber großen Überraschung, erhielt ich als Antwort darauf einen riesigen Blumenstrauß und ein Kärtchen mit der Bitte, ihnen zu vergeben, dass sie uneingeladen plötzlich aufgetaucht seien. Beide hatten wir Schuld. Und beide haben wir uns entschuldigt.

Donna Alessandra

Essen, Tischmanieren, Tischkultur) gerade zu sitzen, Messer und Gabel richtig zu benutzen, andere Menschen ausreden zu lassen, nicht am Tisch zu zanken, seine Serviette ordentlich zu falten usw. usw., lernt man später nur noch unter Mühen. Nach dem Motto: Was Mäxchen nicht lernt, lernt Max nimmermehr. Deswegen ist es für junge Mütter und Väter so wichtig, die Erziehung als wichtigstes Geschenk und Erbe zu sehen, das sie an ihre Kinder weitergeben. Man tut seinen Kindern keinen Gefallen, wenn man sie verwöhnt oder ihnen zu viel durchgehen lässt, weil es einfach ein schlechtes »Training« für das spätere Leben ist. Hier die zehn wichtigsten Prinzipien, die in jedem »Erziehungs-Portfolio« vermittelt werden sollten:

- Glaube (eine Erziehung mit religiösen bzw. ethischen Grundwerten ist als gutes emotionales und spirituelles Rüstzeug fürs Leben wichtig);
- Liebenswürdigkeit (wer seinen Kindern genug Liebe entgegenbringt, wird Kinder großziehen, die selber liebenswürdig sind);

- Ordentlichkeit (gehört zu den wichtigsten Eigenschaften eines zivilisierten Menschen);
- Disziplin (das ganze Leben ist voller Aufgaben, die man nur ungern erledigt. Es lohnt sich, das schon früh zu lernen);
- Hilfsbereitschaft;
- Ästhetische Erziehung (ein Begriff von *Schiller;* je nach Begabung sollte man die Anlage seines Kindes fördern, sich in einzelnen Bereichen fortzubilden und dessen Sinn für das Schöne schärfen);
- Friedfertigkeit (wer als Kind lernt, Konflikte nicht eskalieren zu lassen, wird dies auch später beherrschen);

- Großzügigkeit (nur wer gibt, bekommt auch);
- Respekt vor der Schöpfung und der Umwelt;
- Respekt vor dem Nächsten im Allgemeinen und vor Autoritäten im Besonderen (beispielsweise Eltern, später Lehrer, noch später Vorgesetzte).

Essen Gute *Tischmanieren* (siehe auch: *Tischmanieren*) leiten sich aus der Tatsache ab, dass man isst, um zu genießen. Weniger daraus, dass man – vielleicht nach harter körperlicher Arbeit oder nach einem langen Arbeitstag – eine Pause benötigt und nun schlicht seinen Hunger stillen möchte. Wer körperlich schwer arbeitet, darf ruhig seine Ellbogen auf den Tisch aufstützen, schmatzen, den Bissen mit einem Getränk hinunterspülen und anschließend rülpsen, denn für ihn ist Essen identisch mit Nahrungsaufnahme und Ruhepause. Für den Rest der Menschheit gilt es, mit Messer und Gabel korrekt umzugehen, bei Tisch gerade zu sitzen und das Essen in »maßvollen Quantitäten« zu sich zu nehmen.

Seit jeher ist das Essen Maßstab für Zivilisation, Kultur und soziale Stellung. Nur wenige Dinge haben in der Geschichte der Gesellschaft mehr Reichtümer verschlungen – und schlimmere Magenverstimmungen verursacht … Die Zeiten, in denen Fettleibigkeit ein Zeichen von *Wohlstand* (siehe auch: *Luxus*) war, liegen allerdings hinter uns. Als moderner Mensch legt man auf eine gesunde, ausgewogene, fettarme und vitaminreiche Ernährung Wert.

Meine Schwiegermutter Braganza

Ich habe meine Schwiegermutter leider nicht mehr erlebt. Sie hatte einen legendären Appetit, über den mein Mann gerne erzählte. Da sie ein Kriegskind war, war sie durch die Not und die Entbehrungen dieser Jahre geprägt. Besonders die Erfahrung des Hungers hatte in ihr einen ständigen Appetit ausgelöst. Dafür schämte sie sich auch ein wenig und wendete alle möglichen Tricks an, um so oft und so viel wie möglich essen zu können, ohne sich von den anderen beobachtet zu fühlen. Ihr Mann, mein verehrter Schwiegervater, war ein sehr höflicher Mensch, der seine Frau sehr liebte und dem daher nichts ferner lag, als sie übermäßig zu kritisieren. Dennoch war er um ihre Gesundheit besorgt und daher bereitete ihm ihre Essenslust einiges Kopfzerbrechen. Manchmal sagte er beim Essen, als sich seine Frau zum dritten Mal bediente: »Bitte esse Sie doch nicht so viel!« (Er sprach mit ihr in der dritten Person!) Daraufhin entwickelte sie eine Finte, um sich beim Essen ungenierter bedienen zu können: Sie dekorierte den Esstisch mit üppigem Blumenschmuck. Da sich das Ehepaar beim Essen gegenübersaß, war ihrem Mann so der Blick auf ihren Teller verwehrt. Ihr Ablenkungsmanöver funktionierte derart gut, dass ihm der »gesunde Appetit« seiner Frau nunmehr nicht mehr ins Auge fiel.

Fürstin Gloria

Exhibitionismus Exhibitionismus gibt es in vielerlei Formen und offenbart meist grenzenlose Geschmacklosigkeit. Auch das Entblößen der innersten Gefühle und Regungen, auch das Zurschaustellen der eigenen Persönlichkeit oder des Eigentums sind Formen des Exhibitionismus. Auf gesellschaftlichem Parkett kommt der Exhibitionist zu spät zu festlichen Anlässen, benimmt sich auffällig und ist ebenso gekleidet. In allen seinen Spielarten gehört Exhibitionismus zu den schlimmsten Ungezogenheiten (auch wenn man in einzelnen Fällen über die dargebotene Originalität amüsiert sein kann).

Extravaganz Extravaganzen sind meist Marotten, die sich nur *Snobs* (siehe auch: *Snobismus*), Dandys und Künstler, quasi die Hofnarren der Gesellschaft, leisten können. *Sigrid von Massenbach* schrieb einmal: »Die so genannten Extravaganzen des Snobs erweisen sich bei Lichte gesehen fast immer als Imitation.«

F

Fasten
Fax
Fernsehauftritt
Fernsehen
Fettnäpfchen/Fauxpas
Finanzamt
Fliege
Fliegen
Flirten
Floskeln
Fotografieren
Fremdsprachen
Frühstück

Fasten Genauso wie man von Zeit zu Zeit in seinem Haus einen Großputz macht, sollte man auch seinen Körper gelegentlich gründlich von innen reinigen. Die christliche Fastenzeit beginnt im Frühling, am Aschermittwoch, und dauert bis Karfreitag vor Ostern. Seit dem *Zweiten Vatikanischen Konzil* gelten in der Fastenzeit nur noch der Aschermittwoch und der Karfreitag als strenge Abstinenztage, an denen man sich nur einmal am Tag satt essen und von Fleisch und Alkohol ganz lassen soll. In der übrigen Fastenzeit sind sowohl Katholiken als auch Protestanten zu Mäßigung und Verzicht, aber nicht zum eigentlichen Fasten aufgefordert. Kurioserweise gerät aber gerade in säkularer Zeit das *Fasten* (siehe auch: *Diät*) wieder in Mode. Dahinter stecken (leider) nicht die Kirchen, sondern vor allem esoterische Zirkel und »ganzheitlich« orientierte Mediziner. Eine Heilfastenkur sollte mit ärztlicher oder heilpraktischer Begleitung stattfinden, ist aber, richtig ausgeübt, das Beste, was man für Körper und Geist tun kann.

Fax Telefaxe haben leider herkömmliche, »altmodische« Briefe nahezu verdrängt. Das ist schade, denn freut man sich nicht viel mehr über einen persönlichen Brief, den man aus dem Briefkasten holt und gierig mit dem Brieföffner aufschlitzt? Natürlich sind Faxe schneller und effektiver – inzwischen gibt es sie auch nicht mehr nur auf diesem grauenvollen Thermopapier, auf dem die Schrift in der Sonne verblasst und das sich wie eine Papyrusrolle zusammenrollt –, aber dennoch sollte man versuchen, Faxe nur im geschäftlichen Umgang zu verschicken, wenn schnellere

Kommunikation gefragt ist. Im persönlichen Umgang sollte man Faxe nur schicken, wenn es wirklich eilig oder die Kommunikation per Brief unpraktikabel ist. Faxe haben nämlich einen Nachteil: Ähnlich wie *Postkarten* (siehe auch: *Postkarte*) kann jeder sie lesen. Man sollte also bei Faxen zweimal überlegen, was man schreibt; manchmal empfiehlt es sich auch, die Übersendung eines Faxes kurz vorher telefonisch anzukündigen oder mit dem Empfänger den Inhalt abzustimmen, damit sie oder er der Übermittlung per Fax zustimmen kann.

Fernsehauftritt Ist man nicht aus beruflichen Gründen dazu gezwungen (etwa als Nachrichtensprecher oder Quizmaster), sollte man mit Fernsehauftritten sehr zurückhaltend sein. Wer etwas verkaufen oder wer gewählt werden will, dem bleibt oft nichts anderes übrig, als im Fernsehen präsent zu sein, aber auch dann sollte man streng selektieren und nicht in jeder Talkshow seine Nase feilbieten. Die peinlichsten Gestalten unseres Medienzeitalters sind jene, die sich den grölenden Zuschauern als Pausenclowns andienen.

Fernsehen Fernsehen soll zur Information und zur Unterhaltung genutzt werden und nicht die Kommunikation, zum Beispiel innerhalb der Familie, ersetzen. Wer aus Platzgründen keinen separaten Raum als Fernsehzimmer einrichten kann, sollte zumindest darauf achten, dass der Apparat nicht Mittelpunkt und Blickfang des Zimmers bildet. Wenige Dinge verraten so schnell ein Defizit an Kultur wie Sitzgruppen in Wohnzimmern, die nach einem Fernseher ausgerichtet sind. Solche Haushalte haben dann auch meistens größere Videotheken als Bibliotheken.

Fettnäpfchen/Fauxpas Wer in ein Fettnäpfchen tritt, einen Fauxpas begeht oder Zeuge eines Fauxpas wird, sollte dies galant überspielen. Wenn das nicht möglich ist, dann heißt es, keinesfalls Aufsehen zu erregen, sondern den Fauxpas möglichst zu ignorieren. Wenn das nicht geht, ist ein charmantes »Pardon« die beste Lösung – auch wenn die folgende Geschichte zeigt, dass auch ein Pardon ein Fauxpas sein kann.

Ein Pardon zu viel

Neulich nahm eine Freundin von mir an einem Mittagessen teil, bei dem sie neben einem Bischof saß. Die beiden machten höflich Konversation, bis der Bischof fragte: »Wie viele Kinder haben Sie?« »Vier!«, antwortete meine Freundin. Der Bischof daraufhin: »Und wie lange sind Sie schon verheiratet?« – »Seit drei Jahren«, sagte meine Freundin. »Oh Pardon!«, erwiderte der Bischof. »Ich habe Zwillinge«, entgegnete sie verständnisvoll, und da erst merkte der Bischof, dass er ins Fettnäpfchen getreten war, hatte er doch durch sein »Pardon« ein nicht eheliches Kind insinuiert.

Donna Alessandra

Finanzamt Steuern sind wie die Mitgliedsbeiträge in einem exklusiven Klub. Man zahlt sie und nutzt dafür die umfassende Infrastruktur seines Landes. Wer sich diesen »Mitgliedsbeitrag« nicht leisten will, muss eben als Exilant leben.

Geld sparen mit Kostolany

Meine Mutter war sehr gut mit André Kostolany *befreundet, diesem Grandseigneur alter Schule, Börsenguru, Lebemann, Raconteur. Zu jedem Thema wusste er eine kleine Anekdote zu erzählen. Beim Thema Steuern meinte er stets, dass viele schon ihr Geld dabei verloren hätten, als sie versuchten, Steuern zu sparen, und zitierte* Molière: *»Die meisten Menschen sterben nicht an ihrer Krankheit, sondern an ihren Medikamenten.«*

Fürstin Gloria

Fliege Eine Fliege trägt man zum *Smoking* (siehe auch: *Smoking*), dann ist sie schwarz – und zum Frack, dann ist sie weiß. Eine Fliege sollte unbedingt selbst gebunden sein und keine »Schummelausführung«. Jeder, der eine Schleife an seinem Schuh binden kann, kann auch eine Fliege binden. Am besten schließt man die Augen, macht eine Schleife, zupft ein wenig an beiden Seiten und was man erhält, ist eine Fliege, die besonders elegant ist.

Fliegen Wer mit dem Flugzeug *reist* (siehe auch: *Reisen*), sollte sich an ein paar Regeln halten, wenn er nicht wie eine »Reiseerschwernis« oder, schlimmer noch, wie ein hoffnungsloser Novize wirken will. Zuallererst: Es ist nicht notwendig, aus Nervosität oder aus Reisefieber drei Stunden vor dem *Check-in* am Flughafen zu sein. Es ist aber ebenso unnötig, immer im letzten Moment den Flughafen zu erreichen und durch Eile, Hektik und Vordrängeln andere Passagiere zu belästigen.

Flughafen- und Fluglinienpersonal begegnet man höflich, auch wenn man gestresst ist. Seine Mitpassagiere belästigt man nicht mit überflüssigen Fragen und aufdringlicher Konversation. Wer, aus welchem Grund auch immer, dazu neigt, seinen Sitzplatz mehr als einmal zu verlassen, sollte versuchen, einen Platz am Gang zu reservieren.

Wer reist, also auch, wer fliegt, sollte gepflegt und ordentlich gekleidet sein. Eine Dame trägt etwas Adrettes, ein Herr zumindest eine Jacke. Auf Langstreckenflügen empfiehlt es sich, bequeme und möglichst knitterfreie *Kleidung* (siehe auch: *Kleidung*) zu tragen (aber bitte nicht allzu leger!).

Bitte spielen Sie auch nicht mit den Knöpfen und Schaltern, die sich neben und über Ihnen befinden, bewegen Sie Ihre Rückenlehne nicht unablässig vor und zurück, um den Hintermann nicht zu stören. In der *Economy*-Klasse sind die Sitzreihen so eng aneinander geschraubt, dass Rücksichtnahme besonders wichtig ist. Ein höflicher Mensch wird versuchen, mit seinen Knien nicht an die Rückenlehne seines Vordermanns zu stoßen. Und bei den Mahlzeiten richtet er den Sitz auf, um auch dem Passagier hinter sich das Essen zu ermöglichen.

Flirten Eine Dame mit Stil und Eleganz ohne den kleinsten Ausrutscher und Patzer zu gewinnen, das bleibt eine der schwierigsten Aufgaben für einen Mann – sei er auch noch so gewandt. Takt, gutes Benehmen und Diskretion sind aber, besonders in Zeiten, in denen diese Tugenden immer seltener werden, ein Vorteil im »Paarungswettbewerb«, den die Evolution für uns vorgesehen hat. Gut möglich, dass sich die Taktvollen, die Diskreten und Höflichen in der Evolution durchsetzen werden.

Die eigentliche Kunst der Eroberung liegt darin, das Richtige im richtigen Moment zu tun: Ungeduld kann erwachende Leidenschaft im Keim ersticken, doch wer zu lange wartet, wartet vielleicht ewig. Ein Herr darf, ja er soll sogar, bei der Umwerbung einer Dame Ausdauer und Fantasie an den Tag legen, aber er darf sie niemals bedrängen. Was die Damen betrifft, ist hier darauf hinzuweisen, dass es immer noch als unfein gilt, wenn eine Frau die Rolle der Eroberin übernimmt. Sie kann dem Mann allenfalls, zum Beispiel durch subtile Körpersprache, Flirtbereitschaft und Zuneigung signalisieren.

Floskeln Floskeln gehören zum Umgang unter Menschen, sollten aber sparsam verwendet werden. Die am weitesten verbreitete Floskel ist »Wie geht´s?« – diese nichts sagende Frage sollte mit einem (ebenso) nichts sagenden »Danke, gut!« beantwortet werden.

Wer das Verwenden von Floskeln übertreibt, zu allem »Ach, wie interessant!« und zu jedem »Wie schön, Sie zu sehen!« sagt, wer immer wieder die gleichen Formulierungen gebraucht, der entleert das Gesagte mit jeder Wiederholung etwas mehr seines Sinns.

Fotografieren Fotos dienen dazu, besonders schöne Momente im Bild festzuhalten. Das Fotografieren sollte jedoch weder bei öffentlichen noch bei privaten Anlässen übertrieben werden, es sei denn, man ist ausdrücklich als Fotograf engagiert. Bevor man Aufnahmen in privatem Ambiente macht, fragt man den Hausherrn oder die Hausfrau um Erlaubnis. Man fotografiert auch keine fremden Menschen auf der Straße, ohne sie zu fragen; in den meisten Ländern ist das nicht nur unhöflich, sondern auch gesetzlich verboten, denn in jeder Kultur hat man das »Recht auf das eigene Bild«. Auch auf Urlaubsreisen fragt man zum Beispiel, bevor man einen »typischen Einheimischen« ablichtet, um sicherzugehen, nicht mit »typisch einheimischen« Wutausbrüchen konfrontiert zu werden und als besonders authentisches Urlaubserlebnis eventuell ein blaues Auge davonzutragen. Bei Zeremonien, vor allem mit *religiösem Charakter* (siehe auch: *Audienz, Gotteshäuser*), gebietet der Umgang mit der Kamera (auch bei Berufsfotografen) Diskretion, Respekt, Umsicht und Zurückhaltung.

Taufe oder Pressekonferenz?

Vor kurzem war ich zur Taufe des jüngsten Sprosses eines ziemlich bekannten Ehepaares eingeladen. Was ursprünglich als religiöse Zeremonie geplant war, geriet zum Medienspektakel. Man hatte einer Gruppe Fotografen erlaubt, die Kirche zu betreten und die Eltern samt dem Kleinen, den Paten und den anderen illustren Gästen dem schonungslosen und anhaltenden Blitzlichtgewitter auszusetzen. So wurde die Zeremonie ein Desaster für den Geistlichen und die ahnungslosen Gäste. Manche von ihnen brachten ihren Unmut sogar unverhohlen zum Ausdruck.

Gerade in Kirchen ist so etwas unwürdig. Wenn man dennoch meint, aus einem an sich privaten Anlass ein öffentliches Ereignis machen zu müssen, sollte man wenigstens dafür sorgen, dass die anwesenden Gäste nicht gestört werden.

Donna Alessandra

Fremdsprachen Schon immer war es Zeichen von Kultur, mehrere Fremdsprachen zu beherrschen, und in Zeiten globaler Mobilität ist dies unerlässlich geworden. Es genügt heutzutage nicht, nur Englisch sprechen zu können. Englisch ist inzwischen zwar weltweit die halb offizielle »Zweit-Landessprache«, sogar Parkwächter in der Mongolei und Postboten in Sri Lanka sprechen heutzutage ein paar Worte Englisch. Englisch muss man aber so gut können, dass man mühelos auch komplizierte, abstrakte Sachverhalte in dieser Sprache verstehen und artikulieren kann. Doch da-

Do you speak Nothing?

Einer meiner Lieblingsautoren ist der Ungar George Mikes, *der in London für die BBC arbeitete. In einer seiner Kurzgeschichten beschreibt er den Umgang der Briten mit Floskeln: Sie stellen faktisch völlig sinnentleerte Worthülsen dar, die zwar geäußert werden, die aber jeder einfach überhört.* Mikes *behauptete, man könne bei der englischen* Upper Class *eingeladen sein und was man bei der Begrüßung an Floskeln murmele, werde gar nicht zur Kenntnis genommen. Ein höfliches »Entschuldigen Sie die Verspätung, ich musste erst meine Frau umbringen!« werde ebenso überhört wie ein »Vielen Dank für die Einladung!«. Es sei tatsächlich in dieser Gesellschaft perfektionierter »Floskelisierung« der Sprache letztlich völlig einerlei, was man sage, da sowieso niemand zuhöre.*

Fürstin Gloria

rüber hinaus ist es wichtig, noch mindestens eine weitere Fremdsprache zu beherrschen. Die Sprache der internationalen Diplomatie ist nach wie vor Französisch (wenn ein chinesischer und ein russischer Diplomat miteinander sprechen, geschieht das nicht auf Englisch, sondern auf Französisch) und auch in weiten Teilen des Orients und in Afrika ist Französisch wichtiger als Englisch. Spanisch ist eine Weltsprache und nicht nur in Südamerika, sondern zunehmend auch in Nordamerika wichtig. Wer Russisch verstehen kann, dem erschließt sich die gesamte osteuropäische, slawische Welt.

Frühstück Ein Frühstück sollte, entgegen einer bekannten Redensart, keinesfalls allzu opulent sein. Man nimmt es frühmorgens zu sich, sonst würde es »Spätstück« heißen. Ist man irgendwo zu Gast, vermeidet man Sonderwünsche. Gibt es Tee, trinkt man Tee, gibt es Kaffee, freut man sich auch darüber.

G

Gang
Geburt
Geiz
Geschenk
Geschwätzigkeit
Gespräch
Gleichgültigkeit
Glückwunsch
Gotteshäuser
Gute Tat
Guten Appetit

Gang (damenhafter) Der Mensch legt in seinem Leben Abertausende Kilometer gehend zurück und sollte deshalb seinem Gang ein wenig Beachtung schen-

Einst ging ich wie ein Cowboy

Als ich noch ein junges Mädchen war, war mein Gang alles andere als damenhaft. Vielleicht, weil ich damals oft reiten ging. Meine Mutter beobachtete dies mit wachsender Besorgnis und wollte dem Abhilfe schaffen, indem sie mir verbot, Hosen zu tragen. Am Anfang war das wirklich schrecklich für mich, weil meine geliebten Reithosen viel bequemer waren als Röcke oder Kleider. Nach kurzer Zeit stellte ich fest, dass sich mein Gang veränderte, sobald ich Rock oder Kleid trug, und ich mich automatisch femininer und eleganter bewegte. So gewöhnte ich mir langsam an, schön einen Fuß vor den anderen zu setzen, anstatt wie ein Cowboy aus dem Wilden Westen zu gehen. Aus heutiger Sicht betrachtet, haben sich meine damaligen Anstrengungen gelohnt und ich bin meiner Mutter immer noch dankbar für ihr Einschreiten.

Fürstin Gloria

ken. Damit man auch in dieser Hinsicht eine gute Figur macht, sollte man folgende Regeln beherzigen: nicht mit nach vorn gebeugtem Kopf gehen, sondern aufrecht, nicht watschelnd wie eine Ente, sondern die Füße parallel zueinander aufsetzend, und vor allem: Bitte nicht die Hände in den Hosentaschen!

Geburt Die Geburt eines Kindes im Freundes- oder Familienkreis ist ein freudiges Ereignis, an dem man in irgendeiner Weise teilhaben sollte. Man schickt ein Telegramm und, wenn möglich, stattet man der Mutter oder den Eltern einen Besuch ab. Besuche in der Klinik sind allerdings den Familienmitgliedern oder allerengsten Freunden vorbehalten. Ist man selbst Vater oder Mutter geworden, wird das freudige Ereignis allen Freunden und Verwandten mitgeteilt, entweder schriftlich (eine Karte drucken lassen mit Namen und Geburtsdatum des Kindes) oder per Telefon, damit alle, die die freudige Nachricht erhalten haben, gratulieren können.

Geiz Sparsamkeit ist eine Tugend, doch bis zum Geiz ist es nicht weit. Geizige Menschen, die asketisch wirken, sind sympathischer als jene, die sich selbst alles gönnen und nur im Umgang mit anderen knauserig sind. Eine gute Messlatte für Geiz liefert der »Wie-schnell-greift-man-zur-Brieftasche-Test« im *Restaurant* (siehe auch: *Restaurant*). Bringt der Ober die Rechnung, greift der Gentleman reflexartig zur Brust- oder Hosentasche, heutzutage die Dame womöglich zur Handtasche – der Geizige hingegen vollführt diese Bewegung, wenn überhaupt, nur sehr bedächtig. Ironischerweise sind oft die wohlhabendsten Menschen die geizigsten. Womöglich besteht hier tatsächlich ein kausaler Zu-

Ermäßigung für den Senior

Ein Freund meiner Familie ist ein sehr reicher älterer Herr, dessen Leidenschaft seine Hochseeyacht ist. Letzten Sommer hatte ich das Vergnügen, zu seinen Gästen zu gehören. Ich war sehr beeindruckt von der Größe und von den Annehmlichkeiten an Bord, sogar ein Helikopter stand auf dem Schiff. Neben einer vielköpfigen Mannschaft waren mehrere Stewards damit betraut, die Anwesenheit an Bord möglichst angenehm zu gestalten. In jedem Hafen, in den wir einliefen, warteten bereits seine Chauffeure in klimatisierten Luxuslimousinen, um uns zu den Sehenswürdigkeiten der Region zu fahren. Mit besonderem Vergnügen erinnere ich mich an den Besuch im Herculaneum, *wo wir die berühmten archäologischen Ausgrabungen besichtigen wollten. Als wir unsere Eintrittskarten lösten, zückte unser Gastgeber nicht nur den Geldbeutel, sondern zu unser aller Erstaunen auch noch seinen Seniorenausweis und bat um Eintrittsermäßigung. Ist das nun Geiz oder Sparsamkeit?*

Donna Alessandra

sammenhang, denn wie sonst wird (oder bleibt) man wohlhabend, wenn nicht mit einer gewissen Portion Geiz bzw. Sparsamkeit.

Geschenk Kleine Geschenke erhalten die Freundschaft. Übertrieben große hingegen können sie gefährden, denn sie können dem Beschenkten das Gefühl vermitteln, eine Gegenleistung erbringen zu müssen, zu der man sich womöglich nicht imstande sieht. Die schönsten Geschenke sind die, die Rückschlüsse darauf zulassen, dass der Schenkende sich Gedanken gemacht hat. Ein Buch, von dem man weiß, das es den zu Beschenkenden interessiert, oder ein zusätzliches Objekt für eine Sammlung bereiten meistens mehr Freude als etwas Wertvolles, das die Sekretärin für einen organisiert hat. Es gibt Gelegenheiten, bei denen ein wirklich persönliches Geschenk nicht unbedingt notwendig ist. Für solche Fälle ist es klug, stets einen Vorrat an Verlegenheitsgeschenken parat zu haben, etwa in einer extra dafür vorgesehenen »Geschenkekiste«. Praktische Verlegenheitsgeschenke sind: Duftkerze, Bilderrahmen, ein neu erschienenes, viel gelobtes Buch (oder besser noch ein Bildband, ein Kunstbuch oder ein so genanntes *Coffeetable-Book*).

Geschwätzigkeit Es gibt kaum etwas Langweiligeres, als von redseligen Zeitgenossen mit unwichtigem und langatmigem Geschwätz belästigt zu werden. Wie ein Wasserfall zu reden ist ein Zeichen schlechter Kinderstube (womöglich ist man dort nicht zu Wort gekommen?). Zur guten Umgangsform gehört die Fähigkeit zum *Dialog* (siehe auch: *Konversation, Gespräch, Smalltalk*), bei dem man sein Gegenüber zu Wort kommen lässt und ihm zuhört.

Gespräch Wenn man sich mit jemandem unterhält, dann sieht man ihm dabei in die Augen. Das ist eine der Grundregeln der Höflichkeit. Schon als Kind wird einem beigebracht: »Beim Grüß-Gott-Sagen in die Augen schauen!«

Vermeiden Sie im Gespräch eine »feuchte Aussprache«, achten Sie darauf, Ihrem Gegenüber nicht zu nahe zu kommen, und sprechen Sie in einem der Situation angemessenen Tonfall. Wenige Dinge gelten als unhöflicher, als jemanden mit Handschlag zu begrüßen, ohne ihn dabei anzuschauen, oder in der Unterhaltung mit dem Blick – quasi nach anderen Gesprächspartnern suchend – abzuschweifen. In der Sekunde der *Begrüßung* (siehe auch: *Begrüßung*) oder den Minuten des Gesprächs sollte man seinem Gegenüber die völlige, ungeteilte Aufmerksamkeit zuteil werden lassen – oder ihr bzw. ihm zumindest durch entsprechende Mimik glaubhaft diesen Eindruck vermitteln. Es ist durchaus möglich, hochinteressiert auszusehen, während man über die nächste Gelegenheit nachsinnt, das Gespräch zu beenden.

Gleichgültigkeit Gleichgültigkeit ist das Gegenteil von tätigem Mitgefühl und der Nährboden für Zynismus. Wer keine Maßstäbe gelten lässt, wer ethischen Denkmodellen indifferent gegenübersteht, öffnet der absoluten Willkür Tür und Tor. Und wo ge-

dankliche Willkür herrscht, herrschen auch bald soziale und politische Willkür. Auch wenn man nicht die Macht oder die Möglichkeit besitzt, gewisse Missstände zu ändern, steht man ihnen doch nicht gleichgültig gegenüber. Gleichgültigkeit ist ein verwerflicher Auswuchs der Ignoranz.

Glückwunsch Bei Geburtstagen, großen Familienereignissen und Jubiläen freut man sich über Anteilnahme. Die Sitte, zu solchen Ereignissen Glückwunschkarten, -briefe oder -Telegramme zu verschicken, sollte im Zeitalter der *E-Mails* und *Faxe* (siehe auch: *E-Mail, Fax*) nicht aussterben.

Wichtig, wie bei allen *Briefen,* sind natürlich die korrekte *Anrede* (siehe auch: *Anrede*), genügend Porto und vor allem das rechtzeitige Versenden. Ein Glückwunsch zum richtigen Zeitpunkt ist ein sicherer Erfolg und kommt wesentlich besser an als ein verspäteter. Auch bei traurigen Anlässen ist ein persönlicher Brief, mit dem Sie Ihre Anteilnahme zum Ausdruck bringen, angebracht.

Gotteshäuser Kirchen, Synagogen, Moscheen und Tempel sind Orte, die ein Höchstmaß an Respekt verlangen. Betritt man zum Beispiel eine Kirche, um zu beten oder um sie zu besichtigen, dann bitte in einer Kleidung, die der Würde des Ortes angemessen ist, und so diskret, dass es die anwesenden Gläubigen nicht stört. Als Tourist sollte man während eines Gottesdienstes auf die Besichtigung der Kirche ganz verzichten, auch wenn dies nicht ausdrücklich verboten ist. Synagogen, Moscheen und die meisten Tempel dürfen während religiöser Zeremonien sowieso nicht betreten werden, aber auch innerhalb der Besuchszeiten für Touristen befinden sich dort meist Gläubige. Also diskret, leise und bescheiden auftreten! Niemals Gegenstände anrühren! In Synagogen hat man auch als Nichtgläubiger eine Kopfbedeckung zu tragen, in Moscheen muss man die Schuhe ausziehen und darf sich nie vor einem Betenden aufhalten.

Gute Tat Hier kann es eigentlich nur eine Empfehlung geben: Man vollbringt *gute Taten* (siehe auch: *Charity-Ball*), aber man redet nicht darüber.

Bitte sag mir noch mal, wie gut du bist!

Eine gute Freundin von mir besitzt neben vielen positiven Charakterzügen einen sehr nervenden: Sie hält anderen immer das vor, was sie für sie getan hat. Wenn sie bei jemandem nicht das erreicht, was sie will, fängt sie sofort an, das herauszustreichen, was sie in ganz bestimmten Situationen für diese Person getan hat. Natürlich verstehe ich, dass sie sich manchmal vielleicht ein wenig mehr Anerkennung für ihre eigene Hilfsbereitschaft wünscht. Indem sie einem diese aber immer wieder vorhält, entwertet sie sie jedoch. Irgendwann sprach ich sie darauf an und traf mit ihr schließlich die Vereinbarung, jedes Mal, wenn sie einen an ihre guten Taten erinnert, zu sagen: »Bitte sag mir noch mal, wie gut du bist!«

Donna Alessandra

Guten Appetit! An anderer Stelle sind eine Reihe von *Unwörtern* (siehe auch: *Unwörter*) aufgelistet und dazu gehört auch die Sitte, sich vor dem Essen »Guten Appetit!« (oder gar »Mahlzeit!«) zu wünschen. Diese Unsitte ist so weit verbreitet und derart verpönt in höherer Gesellschaft, dass sie besondere Erwähnung verdient.

Die »Mahlzeit!«-Probe

Rudolf Augstein *sagte mir einmal, dass er zwischen 11 und 15 Uhr sein Büro nicht verlasse, damit er nicht von allen Seiten mit »Mahlzeit!« begrüßt werde. Ich kann das nachempfinden, denn wie soll man dann reagieren? Als höflicher Mensch müsste man eigentlich das Gleiche sagen, aber ebenso sicher ist, dass man sich lieber die Zunge abbisse, als »Mahlzeit!« zu sagen. Am besten, man sagt verhohlen: »Ebenfalls.«*

Fürstin Gloria

H

Haltung
Handkuss
Hand-Me-Down
Handtasche
Handy
Hausangestellte
Hausgast
Haustier
Hetze
Hochnäsigkeit
Hochzeit
Hoheiten
Hotel

Haltung Haltung setzt sich aus verschiedenen Faktoren zusammen. Wer Haltung besitzt, hat einen bestimmten *Gang* (siehe auch: *Gang*), der nicht nur aufrecht ist, sondern dessen Bewegung eine gewisse Eleganz besitzt, ohne dabei gekünstelt zu wirken. In einem guten *Restaurant* (siehe auch: *Restaurant*) erkennt man den Oberkellner (oder *Maître*) meist an keinem anderen äußeren Merkmal als an seiner merklich würdevollen Haltung. Wer Haltung besitzt, wirkt in einem Jogginganzug genauso würdevoll wie in einem Nadelstreifenanzug. Wer keine Haltung besitzt, sieht nur in einem Jogginganzug natürlich aus und in einem maßgeschneiderten Anzug wie verkleidet.

Wie das Wort »Haltung« schon besagt, geht es darum, wie man seine Hände, seine Arme, den ganzen Körper »hält«. Es gibt Leute, bei denen jede Bewegung plump und überzogen wirkt, und andere, bei denen jede Bewegung perfekt einstudiert zu sein scheint. Gerade beim Bücken oder beim Sichumdrehen zeigt sich, wer Grazie besitzt und wer sie nie erlernen wird. Menschen mit Klasse und Haltung zu beobachten ist letztlich die einzig zuverlässige Methode, um sich diese Eigenschaft *à la longue* selbst anzueignen. Die beste Methode, Haltung von früh auf zu lernen, ist für Mädchen das Ballett und für Jungen eine Zeit beim Militär. Übrigens zeigt sich wahre Haltung in Situationen, in denen man sich unbeobachtet fühlt.

Handkuss Damen werden von Herren in unseren Kreisen mit Handkuss *begrüßt* (siehe auch: *Begrüßung*). Ein perfekter Handkuss sieht so aus: Der Herr ergreift

Der Ring

Vor vielen Jahren, als meine Kinder noch klein waren, kam Franz Josef Strauß einmal zu Besuch nach Regensburg. Die Kinder merkten, dass es sich um einen besonderen Gast handelte, weil sowohl die Mama als auch die Hausangestellten etwas angespannt waren, um ja alles richtig und gut für den hohen Herrn vorzubereiten. Als der damalige Ministerpräsident eintraf, standen wir alle aufgereiht, um ihn zu begrüßen. Mein Sohn Albert stand ganz vorne, sodass Franz Josef Strauß dem Kind zuerst die Hand reichte. Albert sah den großen Ring, den er trug, und küsste ihn. Als wir ihn später fragten, warum er den Ring geküsst hatte, sagte er schüchtern: »Ich dachte, der Mann ist ein Bischof.«

Fürstin Gloria

(sanft) die ausgestreckte Hand der Dame, führt sie behutsam etwas nach oben, beugt seinen Kopf ein wenig und haucht lediglich die Andeutung eines Kusses auf ihren Handrücken, während er dabei den Kopf leicht geneigt hält. Beim perfekten Handkuss begegnen sich

Handrücken und Lippen, in einer flüchtigen Hundertstelsekunde, etwa auf halbem Wege. (Man trifft sich in der Mitte, will heißen: Weder zieht der Herr die Hand einer Dame zum Mund, noch beugt er sich auf die Höhe ihrer Hüften.) Der angedeutete Handkuss wird immer verbreiteter, gelingt aber nur den wenigsten formvollendet. Der Trick, beim Handkuss seinen eigenen Daumen zu küssen, ist albern. Auch Damen müssen zum Gelingen eines formvollendeten Handkusses beitragen: Sie reichen dem Herrn ihre Hand locker entgegen. Die Art, wie ein Mann einen Handkuss gibt, verrät viel über seine Weltgewandtheit und seine Kultur und darüber, ob er gewohnt ist, in guter Gesellschaft zu verkehren oder nicht.

Ein Handkuss ist immer und überall erlaubt (die Regel, dass Handküsse unter freiem Himmel ungezogen sind, ist längst überholt), aber nicht immer zwingend: Im Geschäftsleben ist es, außerhalb Österreichs und Frankreichs zumindest, durchaus üblich, einer Dame nicht die Hand zu küssen, es genügt dort zur Begrüßung und zum Abschied ein einfacher Handschlag. In manchen Kreisen ist es sogar üblich, dass junge Damen einer viel älteren Dame, wenn sie eine Respektsperson ist (zum Beispiel die Großmutter), als Ehrerbietung die Hand küssen.

Hand-Me-Down Kein Kleidungsstück kann so elegant sein wie das geerbte. Für Herren: Der perfekte *Smoking* (siehe auch: *Smoking*) ist der vom Großvater (maßgeschneidert bei *Poprócsy* in Budapest oder in Londons *Savile Row*). Für Damen: Das schönste Kleid umgibt eine gewisse Aura, weil es schon von der Mutter auf Bällen getragen wurde. Das Diktat der »Konsumisten«, niemals zweimal dasselbe Abendkleid zu tragen, gilt in höherer Gesellschaft nicht.

Handtasche Nur Damen haben Handtaschen. Für Herren sind »Täschchen« absolut verpönt. Wer mit so etwas gesehen wird, erntet Spott. Damenhandtaschen gibt es mittlerweile in allerlei Formen. Grundsätzlich ist »alles« erlaubt. Nur abends sollten Handtaschen klein sein. In so genannte Abendhandtaschen passt eigentlich nur das Nötigste: Lippenstift und Puder, vielleicht gerade noch die Schlüssel und ein kleines Handy. Wenn noch mehr hineinpasst, ist die Tasche schon zu groß, um als Abendhandtasche zu gelten.

Handy Dieses Wunderding, mit dem man im Internet surfen und bald schon fernsehen kann, hat unser aller Leben verändert. Es hat aber nicht nur die Telekommunikation revolutioniert, sondern auch für eine ganz neue Welle von Unarten gesorgt. Die bekanntesten sind: Handy immer angeschaltet lassen (eine Unart, mit der man sich zum Beispiel bei Konzerten, aber auch in Flugzeugen, Kirchen etc. unbeliebt machen kann), Handy-Nutzung im Restaurant, plötzliches Unterbrechen von Gesprächen wegen eines Anrufs. In Zeiten allgemeiner Erreichbarkeit erscheint es hingegen geradezu als Luxus, keine (oder wenigstens kaum) Handys zu nutzen. Ein freier Mensch muss es sich einfach erlauben können, ab und zu unerreichbar zu sein.

Wenn man allerdings ein Handy benutzt, sollte man wenigstens einige Grundregeln beachten. Die erste: Handy-Gespräche sollten kurz sein, schon aus ökonomischen und gesundheitlichen Gründen. (Selbst Turteln kann man übrigens kurz.) Lange Gespräche, womöglich in Anwesenheit Dritter, sind überdies unhöflich und indiskret. Weitere Grundregeln lauten:

Was hat der Anrufende zu beachten? Zunächst sollte man, außer aus geschäftlichen Gründen, niemanden nach seiner Handy-Nummer fragen. Die Entscheidung, wem er seine Handy-Nummer gibt, obliegt alleine dem Besitzer. Sollte man über Dritte an die Handy-Nummer eines anderen geraten, darf man nur in dringenden Fällen davon Gebrauch machen. Jemanden auf seinem Handy anzurufen ist genauso, als tauchten Sie plötzlich unangemeldet in dessen Büro oder Wohnung auf – was man ja auch nur bei engen Freunden und sehr guten Bekannten tut.

Was hat der Angerufene zu beachten? Es gehört sich nicht, Anrufe entgegenzunehmen, wenn man sich zu Besuch bei Privatpersonen aufhält, und auch im Geschäftsleben ist es – bis auf Ausnahmefälle – üblich, dass man sich während der Dauer eines Termins auf den jeweiligen Gesprächspartner konzentriert und keine Telefonate führt. Im Zweifelsfall sollte man sein Handy lieber einmal zu oft abstellen (schließlich gibt es ja noch den elektronischen Anrufbeantworter), statt unhöflich oder gar wichtigtuerisch zu wirken. Übrigens muss man sich, wenn man auf dem Handy angerufen wird, nicht mit Namen melden, da der Anrufer ja weiß, wen er anruft. Ein höfliches »Hallo« oder »Ja, bitte?« genügt.

Hausangestellte Wer sich den Luxus leisten kann, einen Haushalt mit Angestellten zu führen, sollte folgende Grundregeln beherrschen: Man begegnet dem Personal höflich und respektvoll, spricht es mit »Sie« an, weder fraternisiert man noch ist man zu autoritär,

Die Diktatur der Diener

Wer in Betracht zieht, sich von Adeligen anstellen zu lassen, sollte wissen: Adelige haben die schrullige Eigenschaft, sich von ihrem Personal beherrschen zu lassen oder sich zumindest in dessen Abhängigkeit zu begeben. Der derzeitige Herzog von Marlborough *war vor wenigen Jahren ohne seinen Butler verreist und als er sich die Zähne putzen wollte, wunderte er sich, dass seine Zahnbürste nicht von alleine schäumte.*

Alexander Graf von Schönburg
im »SZ-Magazin« vom 09.12.1998

man gibt klare Anweisungen und kritisiert das Personal nicht in Gegenwart Dritter. Hausangestellte stattet man mit Dienstkleidung aus, nicht als Uniform, sondern um deren Privatkleidung zu schonen.

Auch Hausangestellte haben eine Reihe von Regeln zu beachten. Eine der Anweisungen in einer *Butler*-Schule lautet: »Mit gesammeltem Ernst hat sich der perfekte Kammerdiener in Luft aufzulösen, sobald er überflüssig wird. Nie darf der Diener hören, was der gnädige Herr Baron oder der Herr Generaldirektor mit seinen Gästen spricht. Selbst bei den massivsten Witzen bleibt ein Kammerdiener kühl wie ein Eismeerfisch. Er darf weder grinsen noch lachen. Dieses Vergnügen hebe er sich für später auf.«

Hausgast Wer als Hausgast *eingeladen* (siehe auch: *Einladung*) ist, befindet sich auf fremdem Territorium. Folglich lauern dort zahlreiche Fettnäpfchen, in die man nur allzu leicht tritt. Hier ein paar Hilfestellungen, um derlei »Benimm-Tretminen« zu meiden:

- Was packe ich ein? Keine eigene Seife und natürlich auch keine Handtücher. Zu viel Gepäck mit sich zu führen sieht so aus, als wolle man dort einziehen. Unbedingt ein *»Mitbringsel«* (siehe auch: *Geschenk*) einpacken, zum Beispiel ein gutes Buch oder einen Bildband, eine Duftkerze oder etwas Passendes für die Einrichtung (beispielsweise Porzellan). Dieses kleine Präsent überreicht man bei der Ankunft, nicht erst kurz vor der Abreise.
- Keine Umstände bereiten: Man sollte als Gast nie mit einer ansteckenden Krankheit anreisen, selbst wenn es nur ein Schnupfen ist. Ebenso sollte man dem Gastgeber möglichst keine Umstände machen (etwa indem man ihn darauf hinweist, dass man Geburtstag hat).
- Selbstständig sein: Als Gast macht man sich unbeliebt, wenn man ständig unterhalten werden muss und unfähig ist, sich selbst zu beschäftigen. Die Zeit nach dem Mittagessen zum Beispiel ist die klassische *Siesta-*

Zeit, in der man als Gast nicht erwarten kann, dass der Gastgeber sich um einen kümmert.

- Darf man als Gast Telefonate führen? Wer ein *Handy* (siehe auch: *Handy*) dabeihat, sollte dies für seine Gespräche benutzen, aber nur auf seinem Zimmer. Keinesfalls trägt man als Gast in einem fremden Haus ständig sein Handy bei sich (und wenn es unbedingt sein muss, dann bitte auf Vibrieren und nicht auf Klingeln stellen!). Befindet man sich in einem Funkloch und möchte dennoch ein Gespräch führen, darf man selbstverständlich den Gastgeber darum bitten, dessen Telefon bzw. das Zimmertelefon benutzen zu dürfen. Doch auch wenn das eigene Zimmer mit Direktwahltelefon ausgerüstet ist, sollte man dieses Entgegenkommen sparsam nutzen.
- Was tun, wenn etwas zu Bruch geht? Dies mit einer aufrichtigen *Geste des Bedauerns* (siehe auch: *Entschuldigung*) so schnell wie möglich den Gastgebern beichten.
- Was tun bei Schlafstörungen? Man sollte als Gast immer ein gutes Buch dabei haben, um sich zu jeder Zeit beschäftigen zu können. Wer an »Bettflucht« oder »Nachthunger« leidet oder bereits vor Sonnenaufgang hellwach ist, sollte in seinem Zimmer bleiben und nicht durchs Haus geistern und keinesfalls in die Küche eindringen, um dort den Kühlschrank zu plündern. Auf Landsitzen, wo es meist leicht ist, aus dem Haus hinaus- und wieder hineinzugelangen, kann man bei »seniler Bettflucht« auch einen Morgenspaziergang machen.
- *Ordentlichkeit (*siehe auch: *Ordnung):* Bitte das Gastzimmer zu jeder Zeit ordentlich hinterlassen. Unor-

dentlich aufgehäufte Kleidung, zerkrumpelte Betten, ein nasses Badezimmer machen einen vernichtenden Eindruck. Nachdem man aufgestanden ist, sollte man die Bettdecke einmal kurz durchschütteln und dann ganz zurückschlagen, damit das Bett gelüftet wird. Gibt es keine Angestellten, sollte man nach dem Frühstück sein Bett selbst machen, dies keinesfalls der Hausfrau überlassen.

- *Trinkgeld (*siehe auch: *Trinkgeld)?* Wenn man den Service vom Dienstpersonal genossen hat, sollte man auf jeden Fall Trinkgeld hinterlassen. Am besten bei der Abreise dem Chef des Personals diskret einen Umschlag zustecken.
- Dankesbrief: Wieder zu Hause angekommen, schreibt man einen kurzen Brief, in dem man sich herzlich für die Gastfreundschaft bedankt. Je schneller das *Dankeschön* (siehe auch: *Blumen, Dank*) beim Gastgeber eintrifft, desto höflicher ist es.

Haustier Nicht alle Menschen bringen Hunden und Katzen so viel Zuneigung entgegen wie deren eigene Frauchen oder Herrchen. Dafür muss man als Tierhalter Verständnis haben. Ist man etwa zu einem Abendessen *eingeladen* (siehe auch: *Besuch, Hausgast*) oder übers Wochenende zu Freunden und beabsichtigt, seinen Hund mitzunehmen, ist es höflich, vorher anzurufen und freundlich um Erlaubnis zu fragen.

Generell sollten Hunde in der Stadt, außer vielleicht im Park, angeleint sein. Außerdem sollten besonders Hunde ausreichend versichert, geimpft und mit einem Namensschildchen mit Telefonnummer des Halters

versehen sein. Verrichtet der Hund sein Geschäft auf der Straße, muss man es natürlich mit einem Papiertaschentuch oder einem Stück Zeitung entfernen. Haustiere sollten artgerecht gehalten werden. Hunde sollten genügend Auslauf und Kontakt zu ihren Artgenossen haben, da sie sonst Gefahr laufen, unausgeglichen, neurotisch oder gar gefährlich zu werden.

Hetze Eine Maxime aus dem in Stilfragen stets sehr sicheren Ungarn lautet: »Ein Herr eilt nicht, wundert sich nicht und ärgert sich nicht.« Die berühmte Anweisung *Friedrich des Großen* an seinen Butler, als er in Eile war, lautete: »Mach behutsam, ich hab's eilig.« In England sagt man: »Hasten slowly.« Und bei uns: »Eile mit Weile.« Stress raubt jedem Menschen den Anschein von Souveränität, offenbart nur allzu leicht dessen Unorganisiertheit und womöglich sogar Inkompetenz.

Der Hund als Mensch

Bekannte von mir, ein altes, kinderloses Ehepaar, behandeln ihren Zwergpinscher wie ein Einzelkind. In deren Haus in Südfrankreich hat die Hundedame eine eigens für sie eingerichtete Ecke, dort hängen zum Beispiel Fotos vom Hündchen vor dem Eiffelturm, dem schiefen Turm von Pisa, der Cheops-Pyramide. Die Hundedame frisst aus einem silbernen Fressnapf mit einer Krone darauf und bekommt nur Sekunden lang angebratenes Frischfleisch mit klein gehackter Petersilie statt Trockenfutter. Einmal war jemand bei ihnen zu Besuch, der sie zu beeindrucken versuchte und sich über die schlechten Flugverbindungen des Flughafens in Nizza beschwerte: »Letztens musste ich die Kinderschwester meiner Kleinen mit einem Privatjet einfliegen lassen, weil wir ausgehen wollten und keinen Babysitter hatten.« »Ja, du hast Recht«, antwortete mein Bekannter, »die Flugverbindungen sind miserabel, auch ich musste letztens unseren Hund einfliegen lassen.«

Donna Alessandra

Hochnäsigkeit Man plustert sich nicht auf, man »tritt nicht nach unten« (und »buckelt nicht nach oben«). Je größer das Selbstbewusstsein und je höher die Stellung, desto bescheidener tritt man auf. Größe zeigt, wer sich trotz gehobener Stellung ohne Murren hintanstellen kann. Sätze wie »Sie wissen wohl nicht, wer ich bin ...!« kommen heutzutage höchstens noch korrupten Politikern in Ländern der Dritten Welt über die Lippen, die bei einem Vergehen ertappt worden sind und sich darüber auch noch empören.

Hochzeit Man heiratet nicht in der Kirche, um der Tradition oder gar der »Folklore« Genüge zu tun oder weil es »so schön romantisch« ist, sondern weil es etwas Heiliges, bei den Katholiken sogar ein Sakrament ist. Für gläubige Menschen steht die kirchliche Hochzeit im Mittelpunkt, für Nichtgläubige das Eheversprechen auf dem Standesamt.

Hochzeiten finden üblicherweise tagsüber statt. Daher trägt man als Bräutigam, als männlicher Trauzeuge oder Gast einer Hochzeit keinesfalls *Smoking* (siehe auch: *Smoking)* oder Frack, da diese Festkleidung ausschließlich nach sechs Uhr abends gewählt wird. Die klassische Hochzeitsgarderobe für Herren ist der *Cutaway* (in England sagt man *Morning suit,* weil tagsüber getragen). Ebenfalls möglich ist, für Soldaten oder Ordensritter, natürlich Galauniform.

Das Brautkleid darf nur dann schneeweiß sein, wenn die Braut noch relativ jung und es ihre erste Hochzeit ist. Heiratet man zum zweiten oder dritten Mal oder in reiferem Alter nach der einen oder anderen Erfahrung, dann sollte das Hochzeitskleid einen leicht beigen Farbton haben. Die zur Hochzeit eingeladenen Damen tragen elegante Kostüme, Handschuhe und Hut, nie-

Warum Erzherzöge immer Recht haben

»Ein von Alfred Polgar *erfundenes Spiel hieß ›Der Erzherzog wird geprüft‹ und wurde von zwei Partnern gespielt. Der eine übernahm die Rolle eines prüfenden Geschichtsprofessors und musste sich für den hochgeborenen Prüfling eine so leichte Frage ausdenken, dass sie selbst von einem geistig zurückgebliebenen Kleinkind unmöglich falsch beantwortet werden konnte. Der Prüfling stand sodann vor der schwierigen Aufgabe, dennoch eine falsche Antwort geben zu müssen, und der Professor vor der noch schwierigeren, diese Antwort nicht nur als richtig anzuerkennen, sondern auch zu begründen, warum sie korrekt war. Gelang ihm das nicht, hatte er verloren. Musterbeispiel einer vom prüfenden Professor gewonnenen Runde: ›Kaiserliche Hoheit, wie lange dauerte der Dreißigjährige Krieg?‹ – ›Sieben Jahre‹ – ›Richtig! Damals wurde ja bei Nacht nicht gekämpft. Auch an Sonn- und Feiertagen herrschte bekanntlich Waffenruhe, was abermals eine ansehnliche Summe ergibt. Und wenn wir jetzt noch die historisch belegten Unterbrechungen und Verhandlungspausen einrechnen, gelangen wir zu einer faktischen Kriegsdauer von genau sieben Jahren. Ich gratuliere!‹ Eine vom prüfenden Professor verlorene Runde begann mit der Frage: ›Wie heißt unser Kaiser Franz Joseph?‹ Die ebenso prompte wie rätselhafte Antwort ›Quarz!‹ begrüßte der Professor noch mit dem vorgeschriebenen ›Richtig!‹, konnte aber ihre Richtigkeit nicht mehr beweisen. Der Erzherzog hatte gewonnen.«*

Friedrich Torberg *in »Tante Jolesch«*

mals ein weißes oder ein schwarzes Kleid. Als Dame sollte man sich stets bewusst sein, dass die Braut im Mittelpunkt steht, und deshalb keinesfalls versuchen, sie mittels Kleidung, Schmuck und Auftreten in den Schatten zu stellen.

Hoheiten Für den Umgang mit kaiserlichen oder königlichen Hoheiten sollte man wissen, wie man sie korrekt anredet. Einen Erzherzog von Österreich »Herr Habsburg« zu nennen ist schlicht peinlich, weil es ein sehr verkümmertes Geschichtsbewusstsein demonstriert. Ist man nicht ganz sicher, wie die exakte *Anrede* (siehe auch: *Anrede, Adel*) der königlichen oder kaiserlichen Hoheit ist, sagt man auf Deutsch einfach »Hoheit«, auf Französisch »Altesse«, auf Englisch »Highness«. Vor allem aber sollte man wissen, dass es bei kaiserlichen und königlichen Hoheiten die Höflichkeit gebietet, ihnen stets Recht zu geben.

Hotel Im Hotel sollte man sich »wie zu Hause« fühlen bzw. geben, vorausgesetzt, man verhält sich in den eigenen vier Wänden entsprechend. Ein Gentleman bzw. eine Dame legt zu Hause, auch wenn sie oder er unbeobachtet ist, letztlich das gleiche Verhalten an den Tag wie in Gesellschaft. Man ist also auch im Hotel stets bereit, Besuch zu empfangen, läuft deshalb nie allzu leger und *ungepflegt* (siehe auch: *Körperpflege*) herum, hält das Zimmer in Ordnung. Menschen, die Hotelzimmer wüst und unaufgeräumt hinterlassen, sind entweder Rockstars, unkultiviert, unerzogen oder all dies zusammen.

Begegnet man dem Hotelpersonal, nickt man freundlich zum Gruß. Man gibt dem Personal *Trinkgelder* (siehe auch: *Trinkgeld*). Auch die Zimmermädchen, die Ihr Hotelzimmer aufräumen, haben Trinkgeld verdient.

Die Geheimcodes für den Concierge

Ein alter Hotelconcierge hat mir einmal verraten, woran er »gute« Hotelgäste erkennt. »Heutzutage«, meinte er vielsagend, »kann man nicht mehr auf den ersten Blick sehen, wer zur höheren Gesellschaft gehört. Jeder kann es sich heute leisten, teuer gekleidet zu sein. Aber es gibt zwei Erkennungsmerkmale für wahre Klasse: gut geputzte Schuhe und Bescheidenheit. Die Parvenüs haben das teuerste Gepäck, den auffallendsten Schmuck, modische Marken, aber ihre Schuhe vernachlässigen sie. Sie tragen ihren Reichtum nach außen, geben die besten Trinkgelder, aber im Umgang mit dem Personal sind sie überheblich. Die Gäste aus besseren Kreisen sind oft nicht so perfekt herausgeputzt, dafür sind ihre Schuhe blitzeblank poliert, sie geben leider weniger Trinkgeld, duzen einen nie, aber wenn sie mit Personal umgehen, dann mit einer ehrlichen Freundlichkeit.«

Fürstin Gloria

Meistens begegnet man ihnen auf dem Gang, kann ihnen bei der Gelegenheit einen Fünf-Euro-Schein in die Hand drücken, oder man hinterlässt ein paar Münzen auf dem Kopfkissen. Vergessen Sie nicht das Trink-

Die Schikane der Schikanierten

In den Grandhotels *vergangener Tage gab es stets einen großen Speisesaal für die Angestellten der Hotelgäste, denn die Herrschaften reisten früher stets mit Personal. Ein Hotelconcierge erzählte mir einmal, dass die härteste Zeit seines Kellnerdaseins im Hotel die Zeit im Speisesaal für Angestellte gewesen sei. »Nirgendwo wurde man so schikaniert wie dort«, berichtete der erfahrene Mann, »die Angestellten hatten oft höhere Ansprüche als ihre Arbeitgeber. Wenn ihnen etwas nicht passte, die Suppe nicht heiß genug, die Verbeugung nicht tief genug war, beschwerten sie sich lauter als jeder normale Gast.« Wenn ich heute mitbekomme, in welchem Ton manche Leute mit dem Hotel- oder Restaurantpersonal reden, muss ich immer an den alten Hotelconcierge denken.*

Donna Alessandra

geld für den Kellner, den Gepäckträger und natürlich, sollten Sie seine Dienste in Anspruch genommen haben, den *Concierge*. Letzterer bekommt übrigens das höchste Trinkgeld, denn er erfüllt auch die ausgefallensten Wünsche und kann zum Beispiel im letzten Moment Theaterkarten besorgen oder im ausgebuchten Restaurant doch noch einen Tisch auftreiben.

I

Ironie

J

Jagd

Je Ne Sais Quoi

Ironie Bitte Vorsicht bei Ironie! Wer das eine sagt und das andere meint, muss dies – ähnlich dem Degenfechten – beherrschen, sonst zieht er sich selbst und fügt anderen Verletzungen zu, die nicht im Regelbuch stehen. Denn sehr leicht kommt man beim Anbringen ironischer Bemerkungen vom schmalen Pfad der Höflichkeit ab. Die wirklich ernsten Dinge kann man allerdings oft nur im Spaß äußern. Wer sich also im Ton vergreift, kann nicht darauf verweisen, dass es »nur Spaß« war.

Bye bye to Irony?

»Die Ironie ist eine Ausdrucksform, deren Gebrauch bis vor kurzem jeder britische Oberschüler erlernte. Sie ist quasi ein Schild und stabiler als Eisen. Persönlicher Nähe, ob ersehnt oder gefürchtet, beugt sie vor. Eitelkeit und andere starke Empfindungen mäßigt sie. Vor allem schützt sie vor Pathos und Langweilertum. (...) Joseph Conrad *bemerkte, dass ›Frauen, Kinder und Revolutionäre die Ironie hassen‹, weil sie Treue, Tatendurst und alles tief Gefühlte unterwandert.«*

Franziska Augstein
in »F. A. Z.« vom 23. August 2000

Jagd Jagd, nicht als Sportart, sondern betrieben aus Leidenschaft für die Natur, ist die konservativste (weil älteste) und daher eleganteste Freizeitbeschäftigung für einen Herren (und natürlich im Rahmen der Gleich-

Wer den Erzherzog erschießen darf

Längst ist die Jagd für viele Menschen nicht mehr Hegeleidenschaft, sondern Sport. Wenn diese beiden Welten aufeinander treffen, was bei Jagden gelegentlich passiert, geschieht dies nicht ohne Reibereien: Auf einer Jagd verfehlte der Schuss eines ungeübten Porzellan-Industriellen um Haaresbreite einen Erzherzog. Die trockene Bemerkung des Erzherzogs beim anschließenden Jagddinner: »Ich habe schon immer davon geträumt, bei meiner Lieblingsbeschäftigung, der Jagd, zu sterben. Aber wenn ich schon erschossen werde, dann bitte nicht von einem Kloschüsselfabrikanten.«

Fürstin Gloria

berechtigung inzwischen auch für Damen). Ein Jäger der konservativen Schule jagt nicht der Trophäen wegen, sondern hegt das Wild. Das heißt, er beobachtet die Anzahl des Wildes und schießt nur das, was zum Abschuss frei ist. Er jagt altes und krankes Wild, damit sich keine Krankheiten verbreiten und um Überbevölkerung zu verhindern. Damit ersetzt er die Rolle der natürlichen Feinde, die früher vor allem von Wölfen wahrgenommen wurde.

Der Onkel

Ich hatte einen Onkel, dessen Stil und Eleganz in den 50er-Jahren dermaßen legendär war, dass er einen der damals bekanntesten Sänger, Domenico Modugno, *zu dem Lied »Un uomo in frac« inspirierte. Noch heute, wenn ich älteren Herrschaften begegne, erzählen sie mir schwärmend von meinem Onkel, seinem unwiderstehlichen Charme und seiner perfekten Eleganz. Seine Kleidung war immer elegant, aber ohne dandyhaft zu wirken. Ich habe immer versucht herauszufinden, was genau ihn von allen anderen abhob, aber erklären konnte es mir keiner. Die einzige einigermaßen plausible Erklärung, die ich erfahren habe, war: Er hatte eine charismatische Persönlichkeit. Offenbar hängt Eleganz untrennbar mit der Persönlichkeit zusammen: Entweder man hat sie, oder man hat sie nicht. Eleganz ist auch nicht, wie manche vermuten, nur den oberen Zehntausend vorbehalten, sie ist zwar oft angeboren, doch sie kann in den unterschiedlichsten Gesellschaftsschichten vorkommen. Einmal sah ich in Afrika eine alte Bäuerin, mit einem Tuch bekleidet, die mehr Würde und Eleganz ausstrahlte als manche Dame der europäischen* Society.

Donna Alessandra

Je Ne Sais Quoi Es gibt eine gewisse Art der Eleganz, die man mit zehntausend Stichwörtern einzukreisen versuchen kann und derer man dennoch nie habhaft werden wird. Die Frage der Definition von »Eleganz« ist auch die heikle Frage, ob man sie erlernen kann. Die dahinter lauernde, provokante Frage lautet: Wird man als Dame oder Herr geboren? Oder kann man diesen Status erlernen? Die kurze Antwort lautet: Ja, man kann. Aber man benötigt dazu die Fähigkeit, aufmerksam zu beobachten, um sich an Vorbildern orientieren zu können, und ein gewisses Talent für *allure*.

K

Kartenspiele Karten- und Gesellschaftsspiele sind ein beliebter Zeitvertreib in der höheren Gesellschaft. Um Geld sollte man allerdings nicht spielen.

Das eleganteste Kartenspiel ist Bridge, es verlangt allerdings ziemliche Konzentration.

Eine einfachere Abwandlung dieses Spiels ist *Stiche* (in England heißt es *Whist*), bei dem man voraussagen muss, wie viele »Stiche« man zu machen glaubt, und für die richtige Ansage Punkte bekommt.

Lustig ist auch *Hearts,* bei dem es darum geht, Punkte zu vermeiden (die man nur mit Herz-Stichen macht), es gibt eine Karte (die Pik-Dame), die einem etliche Punkte einbrockt, und eine andere (Karo-Bube), die einen von Punkten erlöst.

Manche Kartennarren (von denen es in den höchsten Kreisen viele gibt!) spielen sogar Karten, wenn sie alleine sind, nämlich *Patience,* was übersetzt »Geduld« heißt. Es gibt übrigens auch etliche Formen dieses »Geduldsspiels«, die man zu zweit spielen kann.

Gerät man in den Haushalt von Kartennarren, ist es höflich mitzuspielen, wenn man dazu aufgefordert wird (es gilt die alte Maxime »When in Rome do as the Romans do!«). Zur Karten-Etikette gehört es, das Spiel ernst zu nehmen, aber nicht verbissen oder überehrgeizig zu sein (das extreme Gegenteil, Teilnahmslosigkeit, ist aber ebenso spielverderberisch).

Kaugummi Kaugummis sind vulgär. Möchte man wirklich nicht darauf verzichten, wie ein Wiederkäuer zu erscheinen, dann halte man beim Kauen bitte den

Mund geschlossen, beschränke die Kaubewegungen auf ein Mindestmaß und schmatze nicht.

Kaviar Generell sollte man Delikatessen nicht überbewerten. Man legt keine besondere *Erregtheit* (siehe auch: *Wein*) oder gar Gier an den Tag, nur weil etwas gut oder selten und daher teuer ist. Wer Kaviar und andere Delikatessen nicht mag, muss sich dafür nicht schämen: »Eine fettige, schleimige und schwer verdauliche Speise, die aber sehr delikat ist«, so beschrieb *Eugen van Vaerst* 1851 die Stör-Eier, die schon *Ludwig XV.* schimpfend ausgespuckt hatte: »Confiture de poisson!« – Fischmarmelade!

Kinder In einer Zeit verrohender Sitten sind die Kinder die Hauptleidtragenden, denn sind sie unter intakten Verhältnissen das Spiegelbild ihrer Eltern, so sind sie unter misslichen Umständen deren Karikaturen.

Manchmal sieht man ungezogene, verwöhnte Kinder und auch, wenn man sich über sie ärgert, sollte man sie eigentlich eher bemitleiden, denn sie können nichts dafür, dass ihre Eltern ihnen das vorenthalten haben, was man *Erziehung* (siehe auch: *Erziehung*) nennt. Wer glaubt, die Erziehung auf die Schulen abwälzen zu können, der liegt fehl. Ebenso irrt sich der, der glaubt, sich durch antiautoritäre Erziehung bei Kindern beliebt machen zu können. Kinder provozieren ihre Eltern und ihre Lehrer oft auch, weil sie Grenzen aufgezeigt bekommen wollen. Es ist ungerecht, Kindern diese Erfahrung vorzuenthalten.

Kindliche Tyrannei

Es war Winter, mein Mann, meine Kinder und ich waren nach St. Moritz *zum Skilaufen gekommen. Wir wohnten in einem sehr schönen Hotel. Im Nachbarzimmer lebten Amerikaner. Ein Bub mit seiner Kinderschwester in einem Zimmer, die Eltern im anderen. Der Bub war sehr laut, und so wurden meine Kinder neugierig, sie wollten immer sehen, was er machte. Einmal kamen wir gerade vom Skilaufen zurück, als aus dem Nachbarzimmer ein lautes Geschrei ertönte. Der kleine Amerikaner hatte Streit mit seiner Kinderschwester. Diese versuchte erfolglos, das aufgebrachte Kind zu besänftigen. Meine Kinder amüsierten sich prächtig und sahen dem überforderten Kindermädchen zu, denn die Tür stand sperrangelweit offen. Der kleine Junge bedrohte sein Kindermädchen mit den Skistöcken. Plötzlich rannte er unvermittelt zum Fenster und warf sein neues Paar Skier samt der Skischuhe zum Fenster hinaus. Diese Geschichte erzählten wir uns noch lange, jedes Mal, wenn es um das Thema ungezogene Kinder ging.*

Fürstin Gloria

Kino Seinen Platz im Kino sollte man *rechtzeitig* (siehe auch: *Pünktlichkeit*) einnehmen, um die anderen Zuschauer nicht zu stören. Man vermeidet es, eine ganze Reihe zum Aufstehen zu zwingen, und versucht deshalb zunächst herauszufinden, von welcher Seite aus man seinen Sitzplatz am unkompliziertesten erreichen kann. Man veranstaltet keine Knusper- und Raschelkonzerte, unterhält sich nicht (außer vielleicht flüsternd, was höchstens den Nachbarn stört), man vermeidet auch sonstige Körpergeräusche wie Niesen, Husten und Naseputzen. Äußerungen des Missfallens nutzen im Kino nichts, da (außer bei Premieren) die Verantwortlichen meistens nicht im Auditorium sitzen.

Kleidung Es gibt zwei Sprichwörter, die sich inhaltlich widersprechen: »Kleider machen Leute« und »Die

Kutte macht nicht den Mönch«. Trotzdem stimmen beide. Einerseits ist die Kleidung seit Menschengedenken das wichtigste Merkmal von sozialem Status, andererseits gibt es eine Art natürliche Autorität und Eleganz, die nicht durch wie auch immer geartete Kleidung entstellt werden können, und auch das umgekehrte Phänomen, dass jemand, der völlig korrekt gekleidet ist, wie kostümiert wirkt. Die wichtigsten Maximen für Kleidung sind unseres Erachtens folgende:

Für die Dame: Eine Dame hat das Vorrecht, mit ihrer Kleidung körperliche Vorzüge betonen und andere »Züge« kaschieren zu dürfen. Vermieden werden sollten

allzu auffällige Extravaganzen – auch in Sachen *Make-up* (siehe auch: *Make-up*) –, besonders im Alltag. Zu besonderen Anlässen kann »frau« schon mal »schräg« oder extravagant erscheinen, auch, was die *Accessoires* (siehe auch: *Handtasche*) anbelangt. Die Dame sollte allerdings immer darauf achten, dass sie das Kleid tragen soll und nicht umgekehrt. Also: Man muss nicht auf *modische Trends* (siehe auch: *Mode, Marken*) verzichten, aber immer bedenken, dass wahre Eleganz zeitlos ist.

Grundsätzlich gilt auch bei der Kleidung die schon zitierte Maxime »When in Rome do as the Romans do«. In arabischen Ländern mit kurzem Rock und unbedeckten Schultern herumzulaufen ist ebenso falsch, wie zum Opernball statt im Ballkleid in Jeans zu erscheinen.

Besonders peinlich und deplatziert wirkt es, wenn Damen es nicht verstehen, sich ihrem Alter entsprechend zu kleiden. Jenseits des *30. Lebensjahres* (siehe auch: *Dreißig*) kleidet sich eine Dame wie eine erwachsene Frau, das heißt: dezent und nicht zu viel Haut zeigen. Man kann als Dame noch (weit) jenseits des 60. Lebensjahres attraktiv aussehen – aber nicht, wenn man sich kleidet, als wolle man wieder 30 sein.

Mit folgenden Kombinationen liegt »frau« meistens richtig:

Geschäftlich repräsentierend: tagsüber klassisches Kostüm, mit Rock oder Hose.

Zu legeren Anlässen: *Twinset,* mit Rock oder Hose (auch Jeans), gegebenenfalls Seidenschal.

Zu gesellschaftlichen Anlässen: Wenn auf der Einladung »Dunkler Anzug« steht, bedeutet das für die

Dame ein kurzes, elegantes Kostüm oder Kleid. Wenn dort hingegen »*Smoking*« (siehe auch: *Smoking*) verzeichnet ist, trägt die Dame entweder ein langes Kleid oder ein besonders elegantes kurzes Kleid, auch »Cocktailkleid« genannt. Steht »Frack« auf der Einladung, ist ein langes Abendkleid zwingend.

Für den Herrn: Einen Herrn erkennt man an Kragen und Schuhen. Die Kleidung des eleganten Herrn besteht aus zwei Grundfarben: Grau und Blau. Ein Herr sollte stets dezent und niemals allzu auffällig gekleidet sein. Lediglich im Tierreich ist es vielfach den Männchen vorbehalten, besonders (farbenprächtig) geschmückt zu sein. Die Tradition, dass Herren zu einem Ball im einheitlichen *Smoking* (siehe auch: *Smoking*) oder dem ebenso uniformen Frack, die Damen aber in Kleidern und Roben erscheinen, rührt daher, dass man als Gentleman den Damen das modische Parkett überlässt und nicht etwa versucht, mit ihnen zu konkurrieren. Ein Herr sollte nie so aussehen, als habe er sich über seine Kleidung allzu viele Gedanken gemacht. Die eine oder andere Imperfektion oder Nachlässigkeit ist im Zweifelsfall besser als dandyhafte oder »schnieke« Eleganz. In unserem Kulturkreis kleidet sich ein Herr folgendermaßen:

Geschäftlich repräsentierend: dunkelblauer oder dunkelgrauer Anzug, dezente *Krawatte* (siehe auch: *Krawatte*), lange (dunkle!) Kniestrümpfe, feste Schuhe. Hemden sollten – wenn mit Krawatte getragen – immer einen festen Kragen besitzen und nicht zu auffällig gemustert sein. Das heißt nicht, dass gestreifte oder karierte Hemden verboten sind, aber Vorsicht: Sie müssen mit der Krawatte genau zusammenpassen. Auf der sicheren Seite sind Sie mit den Hemdenfarben Weiß und Hellblau. Niemals sollten Krawatten auf dunkelblauen oder gar schwarzen Hemden getragen werden.

Zu »legeren Anlässen« sind Farben erlaubt, etwa beige, grüne, blaue, gelbe oder rote Baumwollhosen. Sie sollten aber möglichst eine Bügelfalte haben. Das Hemd kann ohne Krawatte, natürlich offen, getragen werden, im Sommer trägt man auch Polo-Shirts. Ein Herr trägt immer ein Jackett. Hier sind die Farbkombinationen sehr eingeschränkt. Bei kleinkarierten Mustern oder der klassischen Tweedjacke dominieren die Grundfarben Braun-Beige und Dunkelgrün-Grün. Eine klassische Freizeitjacke ist der Blazer. Tagsüber kann man im

Bekleidungsvermerk missverstanden

Neulich war ich bei einem großen Empfang, zu dem Regierungsmitglieder, hohe kirchliche Würdenträger, das diplomatische Korps und Leute aus Kunst und Kultur eingeladen waren. Auf der Einladung, die ich bekam, stand »Dunkler Anzug«. Ich erhielt daraufhin einen Anruf von der Gattin einer bedeutenden Persönlichkeit, die mich ganz beiläufig fragte, was ich denn zu diesem Anlass zu tragen gedenke. Ich antwortete ihr, dass ich mich für ein sehr elegantes blaugrünes Seidenkostüm entschieden hätte. Woraufhin sie empört entgegnete: »Aber auf der Einladung steht doch, dass man sich ›dunkel‹ anziehen soll!«

Ich überhörte dies, denn ihre Unkenntnis versetzte mich in die peinliche Lage, sie belehren und ihr erklären zu müssen, dass auf einer Einladung nur die Kleidung des Herrn vorgeschrieben wird und die Damen daraus ihre Schlüsse ziehen müssen. Der Hinweis »Dunkler Anzug« bedeutet für die Dame ein kurzes Kleid oder Kostüm, welches selbstverständlich auch farbig sein darf. Der Hinweis »Smoking« lässt die Damen zu eleganten kurzen oder langen Abendkleidern greifen und der Hinweis »Frack« zu langen festlichen Abendkleidern.

Ich traf die Dame dann bei besagtem Empfang. Sie war von oben bis unten tiefschwarz gekleidet. Den Hinweis »Dunkler Anzug« hatte sie fälschlicherweise auf sich bezogen.

Fürstin Gloria

Sommer zu hellen Hosen auch helle Socken tragen. Bluejeans und T-Shirts gehören in den Schrank der Jugend.

Zu gesellschaftlichen Anlässen: auch tagsüber grauer oder dunkelblauer Anzug, nur im Sommer dürfen die Farben heller werden (etwa der beige Baumwollanzug), abends unbedingt schwarze Schuhe, stets lange dunkle *Strümpfe* (siehe auch: *Strümpfe*) nie kurze Socken, nie helle Socken! *Smoking* oder auch *Frack* sind Kleidungsstücke, die klassisch abends, und zwar nie vor 18 Uhr, getragen werden. Zu großen gesellschaftlichen Anlässen tagsüber, beispielsweise *Hochzeiten oder Taufen* (siehe auch: *Hochzeit*), trägt man einen Gehrock (auch *Cut, Cutaway, Morning suit* oder *Stresemann* genannt). Einen schwarzen Anzug trägt man nur als Kellner, Bestatter oder als *Creative Director* einer Werbeagentur.

Klerus Kirchenmänner und -frauen sind Respektspersonen und sollten als solche *angeredet* (siehe auch: *Anrede*) werden. Einen katholischen Pfarrer spricht man mit »Herr Pfarrer« an (oder gegebenenfalls – altmodisch – »Hochwürden«), einen evangelischen Pries-

ter mit »Herr Pastor«. Einen katholischen Bischof spricht man mit »Exzellenz« an, einen Kardinal mit »Eminenz«. Evangelische Bischöfe lassen sich meist mit »Herr Bischof« anreden. Ein Abt ist der »hochwürdigste Vater Abt«, eine Äbtissin die »hochwürdigste

Mutter Äbtissin«. Ein Mönch wird mit »Bruder« angesprochen (gefolgt vom Vornamen bzw. geistlichen Namen, also etwa »Bruder Markus«), eine Klosterfrau mit »Schwester« (auch mit Vornamen). Ein jüdischer Rabbiner wird als »Herr Rabbiner« (plus Nachname) tituliert.

Wilhelm, das deutsche Wesen

»Das Kind Wilhelm zeigte bereits zwei Wesenszüge des Mannes Wilhelm: ein komplexbehaftetes Verhalten gegenüber seiner britischen Verwandtschaft und verdrossenes Aufbegehren, wenn ihn jemand in den Schatten stellte. Schon als Prinz von Wales *war der geschliffene, selbstsichere, lebensfreudige Eduard bzw. ›Bertie‹ seinem Neffen gesellschaftlich überlegen, als der eine ins mittlere Alter und der andere in die Mannesjahre kam. Triumphe bescherten Wilhelm nur die billigen Siege dank des Protokolls, als er bereits die deutsche Kaiserkrone trug, während sein Onkel noch immer ohne Macht auf den Stufen des englischen Thrones warten musste. Mit indezenter Hast und charakteristischem Nachdruck kehrte Wilhelm II. diesen Rangunterschied schon vier Monate nach seiner Thronbesteigung hervor. Als er erfuhr, dass der Prinz von Wales die Absicht hege, am 3. Oktober 1888 eine Reise durch Mitteleuropa mit einem Besuch in Wien zu beenden, machte der funkelnagelneue Kaiser, der am selben Tag in der österreichischen Hauptstadt eintraf, seinen Gastgebern klar, dass er auf der Bildfläche alleine auftreten wolle. Da Wilhelm II. ein gekröntes Haupt war und einen offiziellen Besuch abstattete, blieb dem konsternierten Kaiser Franz Joseph keine andere Wahl, als dem Wunsch zu entsprechen. Der Prinz von Wales reiste erzürnt ab; nach England zurückgekehrt, teilte er seiner Mutter (Queen Victoria) den Grund seines heftigen Unmutes mit. Abgesehen von der familiären Brüskierung spürte auch sie, welche politischen Ge-*

fahren das empörende Betragen ihres deutschen Enkels verhieß.«

Gordon Brook-Shepherd
in »Monarchien im Abendrot«

Komplexe Wenige Dinge wirken so deplatziert wie überkompensierte Minderwertigkeitskomplexe. Das klassischste Beispiel für einen Minderwertigkeitskomplex in der jüngeren Geschichte ist ohne Zweifel *Kaiser Wilhelm II.*, dessen Komplexe so eklatant waren, dass seine Wesensart noch heute mitverantwortlich dafür ist, dass Deutsche im Ausland als großspurig gelten.

Kompliment Komplimente sind etwas Schönes, aber nur, wenn man sich darauf versteht. Ungeschickt formulierte Komplimente können sich nämlich schnell in ihr Gegenteil verkehren.

Konversation Die Konversation, das über den *Smalltalk* (siehe auch: *Smalltalk*) hinausgehende *Gespräch* (siehe auch: *Gespräch*) zwischen zwei Personen auf gesellschaftlicher Ebene, wird gerne mit Diskursen oder auch mit Lebensbeichten verwechselt. Sinn einer Konversation ist der gesittete und möglichst geistreiche Austausch, nicht das Auf-den-Grund-Gehen von Problemen, das Erörtern des menschlichen Dilemmas.

Auf gesellschaftlicher Ebene ungern gesehen ist die Frage »Was tun Sie beruflich?« und Gespräche über

Vielen Dank für die Blumen

Einmal war ich zu einem abendlichen Empfang eingeladen und saß am selben Tisch wie eine Dame, die in der Gesellschaft als außerordentlich schön galt, in deren Gesicht das Leben allerdings ein paar Spuren hinterlassen hatte. Ich war damals noch sehr jung, daher war jemand über dreißig für mich schon ziemlich alt. Natürlich wollte ich dieser netten Dame gegenüber besonders höflich sein und ihr ein Kompliment machen. Ich sagte ihr also, dass ich schon viel von ihr gehört hätte, vor allem, wie schön sie doch in ihrer Jugend gewesen sei. Daraufhin schaute sie mich etwas irritiert an, als überlege sie krampfhaft, warum ich dieses Kompliment in der Vergangenheitsform formuliert hatte. Sie war tatsächlich erst um die vierzig und fühlte sich noch jung und attraktiv. Was also von mir durchaus als Anerkennung gemeint war, hatte sich kurzerhand in einen fürchterlichen Fauxpas verwandelt. Ich hatte es meiner noch infantilen Ungeschicklichkeit beim Formulieren eines Kompliments zu verdanken, nun als unhöflich, bestenfalls unachtsam, dazustehen.

Fürstin Gloria

geschäftliche oder berufliche Dinge (siehe auch: *Arbeit*). Man konversiert, ohne die Stimme zu erheben, man flüstert selbstverständlich nicht und fällt seinem Gesprächspartner nicht ins Wort. Wichtig für die Kunst der Konversation ist es, zuhören zu können, Interesse zu zeigen, nicht unsinnig zu widersprechen, um sich interessant zu machen.

Körperliche Bedürfnisse Schon als Kind wird einem beigebracht, beim Gähnen, Niesen oder Husten die Hand vor den Mund zu halten. Grundsätzlich gilt: Körperliche Bedürfnisse jeglicher Natur sind diskret zu verstecken. Das unterscheidet uns Menschen aufs Erfreulichste von unseren nächsten Verwandten im Tierreich, die derlei ohne jegliche Scham tun. Scham, das lernt man ebenfalls in der Schule, ist – seit Adam und Eva – schließlich eine uns Menschen vorbehaltene Regung. Zum Beispiel wird sich eine Dame oder ein Herr lieber die Zunge abbeißen, als irgendjemandem – außer seinem Hausarzt – Auskunft über seinen Gang zur Toilette zu erstatten. Undenkbar beispielsweise die Vorstellung, während eines Abendessens mit den Worten aufzustehen: »Ich muss mal!« Nicht nur, dass man während des Essens nicht aufsteht, man gibt grundsätzlich auch keine Auskunft über seine körperlichen Bedürfnisse. Ist man irgendwo zu Gast und weiß nicht, wo sich die Toilette befindet, fragt man den Gastgeber oder, besser noch, einen der Angestellten nach dem »Ort, an dem man sich die Hände waschen kann« – und nicht nach der »Toilette«.

Körperpflege Sitten sind keine ehernen Gesetze, die über die Jahrhunderte hinweg gleich bleiben, sondern sie wandeln sich stetig, und was gestern noch als elegant galt, kann morgen schon démodé sein. Gehörte ausführliche Körperpflege bei der Führungsschicht im antiken Rom zum Beispiel selbstverständlich zum guten Ton (man denke an die großen Thermen, in denen das erfunden wurde, was wir heute *Wellness* nennen), war es am Hof *Louis XIV.* von Frankreich im 18. Jahrhundert unnötig, sauber zu sein. In Versailles gab es kein einziges Wasserklosett, man entledigte sich seiner körperlichen Bedürfnisse schlicht in die schweren Brokatvorhänge. Als die deutsche Prinzessin *Liselotte von der Pfalz* an den französischen Hof kam, schrieb sie ihrer Mutter in die Heimat, ihre sauberen Fingernägel würden mit verachtenden Blicken gestraft werden.

Heute zählt glücklicherweise körperliche Hygiene wieder zum guten Ton. *Gepflegtes Erscheinen* (siehe auch: *Schönheit*) gilt als absolut unerlässlich. Die tägliche Dusche, perfekte Zahn-, Haar- und *Nagelpflege* (siehe auch: *Nägel*) sind für Damen unserer Kultur selbstverständlich. Für Herren gilt: Auch wenn Popstars, italienische Kellner und Nachtklubbesitzer den Versuch unternommen haben, den so genannten Drei-Tage-Bart gesellschaftsfähig zu machen, ist unrasiertes Erscheinen von Herren in höherer Gesellschaft verpönt. Drei-Tage-Bärte gibt es höchstens auf *Segeltouren* (siehe auch: *Yacht*), bei Ferien in Alaska oder am Wochenende auf der Skihütte oder beim Kurzaufenthalt auf einer Nordseeinsel – nicht aber im täglichen Leben.

Doch auch heutzutage scheinen manche Menschen Körperpflege nicht als eine Selbstverständlichkeit anzusehen. In unseren Kreisen bewegt sich ein Herr, der es zu seinem Markenzeichen gemacht hat, ungepflegt und schmutzig zu erscheinen. Er ist sehr bekannt und daher wird er häufig eingeladen. Niemand möchte gerne neben ihm sitzen, denn, ganz profan gesagt, er stinkt.

Parfüm (siehe auch: *Parfüm*) darf auch von Herren verwendet werden, aber bitte äußerst dezent. Eine elegante Dame erfüllt nicht den ganzen Raum mit einem künstlichen Geruch und das Parfüm eines Herren nimmt man am besten gar nicht wahr (außer, man kommt ihm sehr nahe).

Krankheit Es gibt Gebrechen, die »man« hat, und andere, die »man« besser nicht hat. Zu Ersteren gehören Sport- und Jagdverletzungen, Migräne und Erkältungen, zu Letzteren Sodbrennen, Krampfadern, Verdauungs- und Prostatabeschwerden sowie aufgescheuerte Knie vom Küchenbodenscheuern.

Über die eigenen Beschwerden zu reden ist absolut tabu. Nichts ist für die Menschen in unserem (weiteren) Umfeld uninteressanter als die Malaisen anderer Leute. Selbst wenn man eine schwere Verletzung oder eine Operation hinter sich hat, ist die Frage »Wie geht es dir?« bitte lediglich als *Floskel* (siehe auch: *Floskeln*) zu verstehen; ein höfliches »Danke, mir geht es (wieder) gut!« genügt als Antwort völlig – auch wenn man in Wahrheit in den letzten Zügen liegt. Die berühmte *Kaiserin Sissi* fand am *Genfer See* ihr Ende, nachdem ihr ein Attentäter eine Nagelfeile in die Seite gestochen hatte. Sie blieb, eingeschnürt vom Korsett, völlig ungerührt, unterhielt sich angeregt weiter, nahm an einer Bootsfahrt teil und erst kurz bevor sie umfiel, fasste sie sich an die Schläfe und meinte, sie fühle sich momentan nicht sehr wohl.

Krawatte Allzu farbenprächtige Krawatten gelten als spießig, vor allem bei Herren über dreißig. Der Knoten sollte nicht zu dick sein (obwohl dies etwas ist, das tatsächlich der *Mode* (siehe auch: *Mode*) der jeweiligen Zeit unterworfen ist und sich dementsprechend auch wieder ändern kann). Unverändert wird immer die Regel bleiben, dass eine getragene Krawatte etwa an der Linie des Hosenbundes endet. Krawatten sollten allgemein aus Seide sein, nie aber aus Leder oder synthetischen Materialien.

Wenn Sie als Mann statt einer Krawatte eine *Fliege* (siehe auch: *Fliege*) bevorzugen, dann bewegen Sie sich auf hauchdünnem Eis. Fliegen haben stets den Hauch des Frivolen und Kecken. Es gibt nur sehr wenige Herren, die Fliege tragen können, ohne albern auszusehen, es sei denn, sie ist selbst gebunden. Dann hat sie sogar Schick.

Kritik Kritik, ob im Berufs- oder im Privatleben, soll konstruktiv und nicht verletzend sein. Sie sollte diplomatisch und taktvoll formuliert sein, den Kritisierten nicht in die Enge treiben und in moderatem und nicht *konfrontativem Ton* (siehe auch: *Streit*) vorgetragen werden. Im Privatleben empfiehlt sich Kritik nur im engsten Familien- und Freundeskreis. Unaufgeforderte und überflüssige Kritik kann eine Freundschaft ziemlich belasten. Verzichten Sie generell auf übertriebenes Kritischsein! Viele Menschen versuchen nur, sich durch *negative Bemerkungen und Nörgeleien* (siehe auch: *Defätismus*) wichtig zu machen, was meistens fehlschlägt. Denken Sie über jede Kritik, die Sie äußern wollen, zweimal nach, bevor Sie sie vorbringen.

Geschmack ist Geschmackssache

Ich hatte mein Haus frisch renoviert und lud einen Freund ein, es sich anzuschauen. Schon nach kurzer Zeit hatte ich den Eindruck, dass er meine neue Einrichtung nicht besichtigte, sondern begutachtete. Er blieb dann auch tatsächlich vor einem kleinen Tischchen stehen und murmelte: »Gefällt mir überhaupt nicht!« Ich war völlig perplex und wunderte mich, wie schonungslos er meine Einrichtung kritisierte. Dadurch wurde mir am eigenen Leib bewusst, wie deplatziert allzu große Offenheit sein kann.

Donna Alessandra

Kunst und Kultur Wer weltgewandt ist, sollte sich ein Grundverständnis für die Kunst- und Kulturgeschichte erarbeiten. Lexikalisches Wissen zählt dabei weniger als die Kenntnis der großen Zusammenhänge. Bildungslücken sind völlig akzeptabel, man verschleiert oder überspielt sie. Wer besonders charmant und/oder rhetorisch versiert ist, kann mit kleinen Lücken auch kokettieren (denn: Nicht alles zu wissen kann ein durchaus sympathischer Zug sein).

Zu den Grundregeln des Kunst- und Kulturgenusses

Unser Schlossmuseum

Jedes Jahr bekommen wir in unserem Schloss St. Emmeram in Regensburg viele Besucher aus aller Welt. Mir macht es oft Spaß, die Gäste zu überraschen, indem ich sie persönlich begrüße und ihnen etwas erzähle, was nicht in der Schlossbroschüre steht. Manchmal dauert es eine Weile, bis die Besucher merken, dass die Hausherrin höchstpersönlich mit ihnen spricht, aber dann ist die Freude umso größer, und es wird natürlich viel fotografiert. Einmal, als ich gerade durch das Schloss ging, sah ich eine Schulklasse im Ballsaal stehen, die artig den Erklärungen des Schlossführers lauschte. Ich näherte mich den Kindern, und als ich sah, dass sie sich bei zu viel Kunstgeschichte langweilten, da erzählte ich ihnen, dass der berühmte Sänger von den »Rolling Stones«, Mick Jagger, hier mit seiner Frau Jerry schon das Tanzbein geschwungen hat. Das war natürlich viel interessanter als die Wandvertäfelung aus dem 17. Jahrhundert. »Sind Sie etwa die Fürstin Gloria?«, fragte mich ein etwa 11 Jahre altes Mädchen. »Ja«, antwortete ich, »die bin ich.« »Warum tragen Sie dann keine Krone und kein langes Kleid?«, wollte sie wissen. Und so erklärte ich den Kindern, dass Kronen nurmehr im Märchen getragen werden und dass eine Prinzessin sich genauso kleidet wie jeder andere Mensch. Da machten die Kinder

enttäuschte Gesichter: Viel lieber hätten sie etwas wie aus dem Märchen gehört. Also führte ich sie weiter durch die Räume und erzählte ihnen über Kunst und Kultur früherer Zeiten und reicherte das Ganze mit Geschichten von Schlossgespenstern und Prinzessinnen mit langen Kleidern und Kronen an – genau passend zu den alten Bildern, die im Schloss zu sehen sind.

Fürstin Gloria

zählt Folgendes: In Museen wirkt man interessiert, spricht leise und stört auch ansonsten die anderen Besucher nicht (indem man sich minutenlang vor ein Bild stellt und anderen die Sicht nimmt). Im Theater, in der *Oper* (siehe auch: *Oper*), im Konzert erscheint man *pünktlich* (siehe auch: *Pünktlichkeit*), während einer Aufführung hustet man nicht, flüstert nicht, singt oder pfeift nicht mit, Damen nesteln nicht an ihrer Handtasche oder Garderobe. Am besten verursacht man gar keine Geräusche. Nach einer Vorstellung applaudiert man, auch wenn einem die Aufführung nicht gefallen hat. Hat man wirklich ein künstlerisches oder weltanschauliches Problem mit der Darbietung, dann unterlässt man das Klatschen einfach. Buhrufe hingegen sind etwas für Aktivisten.

Kuss (flüchtiger) Mit den inzwischen weit verbreiteten Wangenküsschen *begrüßt* (siehe auch: *Begrüßung*) man nur engste Freunde und Verwandte. Gänz-

lich unangemessen sind Wangenküsschen zwischen flüchtigen Bekannten, denn sie täuschen eine Vertrautheit vor, die nicht existiert. Besonders ärgerlich und unangenehm sind jene Leute, die einem nicht nur das Du aufdrängen, sondern einem zudem noch zu einem Kuss auf die Wange nötigen.

Kuss (inniger) Auf keinen Fall sollte ein *Liebespaar* (siehe auch: *Liebe, Zärtlichkeiten*) in der Öffentlichkeit intime Küsse austauschen. Derlei leidenschaftliche Ausbrüche sind reine Privatsache und können »ungewollte Zeugen« sehr in Verlegenheit bringen. Bei *berühmten Persönlichkeiten* (siehe auch: *Prominenz*) ist »Innigkeit« in der Öffentlichkeit oft ein gefundenes Fressen für Fotografen, für deren Fotos man sich später geniert.

L

Lachen
Lästern
Lebensgemeinschaften
Lebensgeschichte
Leihgabe
Liebe
Lüge
Luxus

Lachen Lachen ist gesund. Bei keiner anderen Gefühlsreaktion werden mehr Muskeln angeregt. Die angenehmsten Menschen sind fröhlicher Natur. Wer entwaffnend zu lachen vermag, kann so manche heikle Situation besser meistern. Ein Lachen sollte vor allem natürlich sein und nicht zu laut. Jemanden auszulachen ist maliziös, aber bei vielen Menschen ein natürlicher Reflex (darauf beruht das Erfolgsrezept des *Slapsticks*). In Gesellschaft sollte man sich's verkneifen.

Lästern Lästern tun nur Waschweiber. Als gut erzogener Mensch beißt man sich lieber die Zunge ab, als *üble Nachrede* (siehe auch: *Diskretion*) zu verbreiten oder schlecht über andere zu sprechen. Leuten, die lästern, sollte man mit großem Vorbehalt begegnen, am besten entfernt man sich schnell und unauffällig, wenn man unter Lästerer geraten ist.

Lebensgemeinschaften Die Terminologie, die die verschiedenen Formen des Zusammenlebens von Mann und Frau bezeichnet, ist seit längerem im Wandel begriffen. In manchen europäischen Ländern arbeitet man schon längst an einer juristischen Gleichstellung nicht ehelicher und ehelicher Gemeinschaften und trägt damit angeblich einer Entwicklung Rechnung, die schon längst akzeptierte Realität sei. Nach unserem Verständnis bleibt der Begriff »Ehe«, unabhängig von dem, was der Gesetzgeber befindet, der in der Kirche oder zumindest vor dem Standesamt geschlossenen Institution vorbehalten. Der Staat hat nicht die Aufgabe, relativ unverbindliche, auf Zeit geschlossene Lebensgemeinschaften unter einen besonderen Schutz zu stellen. Es wird zwar gesellschaftlich immer akzeptabler, sich in diesen Dingen über Konventionen hinwegzusetzen, dafür allerdings das Placet des Staates zu verlangen gilt als spießig.

Manche Menschen sprechen von sich oder der Partnerin bzw. dem Partner als der »Lebensgefährtin« bzw. dem *»Lebensgefährten«* (siehe auch: *Unwörter)* oder der/dem »Verlobten«, auch wenn sie nicht mehr die Jüngsten sind und schon etliche Jahre zusammenleben. Wenn Ihnen wirklich daran gelegen ist, Ihre Zusammengehörigkeit nach außen hin zu dokumentieren, dann verzichten Sie lieber auf solche Begriffe und verwenden einfach »mein Mann« bzw. »meine Frau«. Es wird niemand, dem Sie sich so vorstellen, verlangen, dass Sie eine Heiratsurkunde vorlegen.

Lebensgeschichte Bitte verzichten Sie darauf, Bekannten oder gar Fremden Ihre komplette Lebensgeschichte zu erzählen. Wenn Sie gefragt werden »Wie geht's?«, dann betrachten Sie diese Frage bitte als Floskel zur *Begrüßung* (siehe auch: *Begrüßung*) und nicht als Aufforderung zum Monolog über Ihre persönliche Lebensgeschichte.

Leihgabe Es ist völlig selbstverständlich, dass man sich unter Freunden Sachen leiht, seien es Geld, Kleidungsstücke oder das Auto. Ebenso selbstverständlich ist es, das Geliehene pünktlich, zuverlässig und vor allem unversehrt (und ein geliehenes Auto sauber und voll getankt) zurückzugeben. Wer Geliehenes verliert oder beschädigt, muss dies umgehend beichten, es ersetzen und sich dafür schriftlich entschuldigen.

Liebe Liebe ist ein ehrliches und tief empfundenes Gefühl, das aus dem Herzen kommt. Liebe zeichnet sich durch konkrete Gesten und Handlungen aus. Dazu gehören Zuneigung, ein liebevoller Umgang, Geduld und Entgegenkommen, aber nicht Egoismus und Besitzdenken. Wird die Liebe erwidert, ist sie wie ein Elixier, das uns Kraft gibt, die Stürme des Alltags zu bestehen und Berge zu versetzen. Unglücklich ist, wessen Liebe nicht erwidert wird. Hier entstehen Leere, Trauer und Einsamkeit (und höchstens bei Schriftstellern und Künstlern Kreativität aus Verzweiflung). Liebe besteht aus vielen Komponenten und Momenten, aus der kontinuierlich einander entgegengebrachten Aufmerksamkeit. Der Wunsch, zusammen Raum und Zeit zu teilen, ist Teil der Liebe. Wenn jedoch nur gewisse Aspekte wie das äußere Erscheinungsbild oder einzelne Eigenschaften und nicht der ganze Mensch geliebt werden, kann man nicht von echter Liebe sprechen, sondern eher von Verliebtheit und Schwärmerei. Die vollkommene Liebe ist allumfassend und akzeptiert auch die Fehler und Schwächen des Geliebten. Zur Liebe gehört aber auch eine gewisse Etikette, zum Beispiel schickt es sich nicht, in der Öffentlichkeit allzu überschwänglich *Zärtlichkeiten* (siehe auch: *Zärtlichkeiten, Kuss*) auszutauschen. In England nennt man so etwas abfällig »PDA« (»Public Display of Affection«).

Lüge Die Wahrheit ist die beste Lüge. Zum Lügen braucht man ein gutes Gedächtnis. Bei einer Lüge ertappt zu werden ist unangenehm, auch wenn es keine schwerwiegende ist. Eine klassische »kleine Lüge« ist das Sich-verleugnen-Lassen. Meistens geht dies gut. Wenn man jedoch mal »entdeckt« wird, ist das peinlich. Lügen sollte man daher vermeiden. Etwas anderes sind Notlügen oder schmeichelnde Lügen.

Luxus Die parvenühaftesten Kaiser im alten Rom, kommentierte einst *Lord Westbury,* ermunterten die Snobs, indem sie mit ihren Untertanen in Sachen Prunksucht wetteiferten. Die Einzigen, die sich davon nicht beeindrucken ließen, waren schon damals die *Patrizier,* die Angehörigen der alten *gentes.* Das Wetteifern der Schichten unterhalb des Souveräns, durch ostentativ prunkvolles Leben ihre Position innerhalb der sozialen Hierarchie zu verbessern, ist ein Phänomen, das sämtliche feudalen Epochen kennzeichnet, und das schließlich, weil es wirtschaftlich schlicht ruinös war, der Aristokratie den Garaus machte, wie der große Soziologe *Norbert Elias* in dem Standardwerk über »Die höfische Gesellschaft« darlegt.

Übertriebener Prunk ist stets ein Zeichen dafür, dass der Zenit einer Kultur überschritten wurde und der Abstieg naht. Als man lesen konnte, dass *Bill Gates* sich eine Art computerisiertes *Xanadu* bauen ließ, war das der Zeitpunkt, zu dem Weitsichtige ihre *Microsoft-Aktien* verkauften.

M

Macht
Make-up
Marken
Mode
Mühe machen

Macht Der wirklich Mächtige trägt seine Macht quasi unter dem Revers, nicht im Knopfloch, wusste schon *Roger Peyrefitte*. Mit Macht zu prahlen oder sie für die eigenen Zwecke auszunutzen ist etwas für ehemals Unterprivilegierte, denen durch die Launenhaftigkeit der Geschichte Macht in den Schoß gefallen ist. Wer tatsächlich Wirtschafts- oder politische Macht innehat, sollte daher besonders höflich, bescheiden und freundlich auftreten, um durch das gute Beispiel zu demonstrieren, dass er zu Recht eine Machtposition bekleidet.

Make-up Hier gilt: Weniger ist mehr! Auffälliges, zu dick aufgetragenes Make-up sieht vulgär aus. Tagsüber ist es vollkommen o. k., nur ein ganz leichtes oder gar kein Make-up zu tragen. Abends sollten Damen, wenn sie ausgehen, ruhig Make-up tragen. Für Männer ist der Gebrauch von Make-up, außer für die Bühne, indiskutabel.

Marken Eleganz heißt nicht, dass man als Werbeträger bekannter *Modeschöpfer* (siehe auch: *Mode*) auftritt. Natürlich ist es legitim, Designerstücke zu tragen, aber nur kombiniert mit einer Portion Lässigkeit und Nonchalance. Sie sollten die Marke tragen und nicht umgekehrt.

Mode Man muss nicht mit aller Gewalt den *neuesten Modetrends* (siehe auch: *Kleidung*) hinterherlaufen, um eine Dame oder ein Herr von Welt zu sein. Das Experimentieren mit neuen Trends ist ein Vorrecht der

Jugend, es ist ihr »Privileg«, sich von *Marketingstrategen großer Konzerne* (siehe auch: *Marken*) manipulieren zu lassen; als *erwachsener Mensch* (siehe auch: *Dreißig*) sollte man irgendwann seinen persönlichen Stil gefunden haben.

Mühe machen (anderen) Gutes Benehmen kann in vielerlei Hinsicht auf einen Punkt reduziert werden. Erkannt hat das der englische Philosoph *Sir Thomas Browne* (1605–1682), der schrieb: »Ein Gentleman ist ein Mann, der anderen die geringste Mühe macht.«

N

Nachbarschaft
Nägel

Nachbarschaft Die Anonymität der Großstädte führt oft dazu, dass man Tür an Tür mit Menschen lebt, die man kaum wahrnimmt und die in gewisser Weise – weil sie so nah bei einem wohnen – eine Bedrohung für die eigene Intimität darstellen. Doch wem an einem zivilen Umgang mit seiner Umwelt gelegen ist, der sollte versuchen, diese »urbane Kontaktneurose« zu überwinden. Bezieht man zum Beispiel eine neue Wohnung, dann sollte man sich den neuen Nachbarn vorstellen. Begegnet man Nachbarn auf dem Hausflur oder auf der Straße, grüßt man freundlich, möglichst mit Namen.

Hat man Beschwerden (etwa über Lärm), spricht man seine Nachbarn höflich darauf an, bevor man sich beim Hausverwalter oder Hausmeister beschwert. Beabsichtigt man, selbst eine *Party* (siehe auch: *Party*) zu geben, setzt man seine Nachbarn davon vorher in Kenntnis (am besten, man lädt sie sogar ein). Wenn in Ihrer Wohnung Lärm verursachende Arbeiten ins Haus stehen, dann sollten Sie Ihre Nachbarn ebenfalls darüber informieren.

Eine Unsitte ist es, sich ständig etwas von den Nachbarn zu borgen. Ist dies dennoch unumgänglich, bringt man das Geliehene so schnell wie möglich zurück, entschuldigt sich für die Störung und bedankt sich herzlich. Steht man mit einem Nachbarn auf besonders gutem, fast freundschaftlichem Fuß, kann man ihn vor großen Reisen guten Gewissens darum bitten, ein Augenmerk auf die Unversehrtheit der Wohnung zu haben, und bei ihm sogar einen Ersatzschlüssel deponieren.

Nägel »Wenn du glaubst, du bist allein, mache dir die Nägel rein«, sagte Goethe, der zu jeder Lebensfrage einen Vers hatte. Auch wenn es sich nicht reimt, möchten wir darauf bestehen, dass man ganz sicher sein muss, dass man alleine ist, bevor man darangeht, *seine Nägel zu reinigen oder zu schneiden* (siehe auch: *Körperpflege*).

O

Off the Record
Oper
Orden
Ordnung

Off the Record Wenn es je eine Zeit gab, in der sich Journalisten an die Vereinbarung »Das ist aber off the record« gehalten haben, dann ist sie längst vorbei. Sie müssen damit rechnen, dass alles, was sie in der Öffentlichkeit tun oder sagen, sich am nächsten Tag in der Zeitung wiederfinden kann. Das gilt auch in der Politik. Früher teilten Politiker befreundeten Journalisten gewisse Dinge »unter 1« mit, was hieß, dass man offiziell zitiert werden konnte, »unter 2«, was bedeutete, dass man auf »gut informierte Kreise« verweisen sollte, und »unter 3«, was hieß, dass man das Gesagte nur als Hintergrundwissen behandeln und nie veröffentlichen sollte. Diese Regel gilt nicht mehr. Heutzutage unterhalten Politiker riesige PR-Apparate, die die Medien mit Quasiinformationen überfluten, damit die ihr Programm füllen können. Hintergrundinformationen sind eher ein Resultat von *leaks*, durch inoffzielle Kanäle durchgesickerte Nachrichten, die entweder aus Pannen resultieren oder gezielt verbreitet werden.

Oper In die Oper geht man abendlich *formell gekleidet* (siehe auch: *Kleidung*), als Herr mindestens im dunklen Anzug, als Dame in einem abendlichen Kostüm, zu Premieren in *Smoking* (siehe auch: *Smoking*) und Abendkleid. Festspielpremieren, falls sie wie in Bayreuth schon nachmittags beginnen, sind für Herren der einzige Fall, bei dem sie eine Ausnahme machen und einen Smoking schon vor 18 Uhr anziehen sollten.

Man erscheint pünktlich an seinem Platz, dessen Position und beste Zugangsmöglichkeit man kennen sollte, entweder weil man regelmäßig in die Oper geht

Mein Abend als Frühstückslektüre

Vor nicht langer Zeit gab ich zu Ehren von Leni Riefenstahl *ein privates Abendessen bei mir zu Hause, zu dem ungefähr 20 Freunde eingeladen waren. Am Tag vorher erhielt ich den Anruf einer bekannten römischen Journalistin, die mir sagte, ihr Mann, ein renommierter Schriftsteller, würde so gerne den deutschen Ehrengast persönlich kennen lernen und sie wäre mir sehr dankbar, wenn ich sie ebenfalls dazubitten würde. Sie versicherte, dass sie selbst natürlich als Privatperson, nicht als Journalistin mitkäme. Ich lud sie ein und der Abend war ein voller Erfolg. Zwei Tage später schlage ich die Zeitung auf, für die die besagte Journalistin schrieb, und traute meinen Augen kaum: ein ganzseitiger Artikel, in dem nicht nur haargenau der Ablauf des Abends bei mir geschildert wurde, sondern der auch die Namen der anwesenden Gäste, das Menü, Details meiner Wohnung, bis hin zu einem Porträt meines Ehrengastes enthielt. Ich war sprachlos und fühlte mich hintergangen.*

Natürlich war mir die Sache auch meinen Gästen gegenüber äußerst peinlich, die sich auf einer privaten Einladung, nicht auf einer Art Pressekonferenz gewähnt hatten. Ich rief die Journalistin sofort an und

machte ihr freundlich, aber bestimmt klar, wie ich über ihr Verhalten dächte. Sie antwortete, dass sie so begeistert von dem Abend gewesen sei und nicht im Mindesten angenommen habe, dass ich gegen solch einen positiven Artikel etwas einzuwenden hätte. Ich erklärte ihr, dass der Tenor ihres Artikels nicht zur Diskussion stünde, sondern ihr gegebenes Versprechen, als »Privatperson und nicht als Journalistin« zu kommen, und machte ihr klar, dass das Einzige, was ihr übrig bliebe, sei, sich bei jedem Gast persönlich zu entschuldigen. Sie tat das denn auch. Seither bin ich vorsichtiger mit Journalisten, die behaupten, dass sie darauf verzichten, ihrer Arbeit nachzugehen.

Donna Alessandra

oder weil man sich rechtzeitig kundig gemacht hat. Wer verzweifelt nach »1. Rang rechts« oder dem Eingang zu Block C sucht, zeigt, dass er sich hier offenbar auf fremdem Territorium bewegt. Außer in Italien klatscht man nirgendwo auf der Welt nach einzelnen Akten oder gar Arien. Nur in Italien ist dies, besonders in Verona, aber auch an der Scala in Mailand, akzeptiert. Ein Kenner wartet ab, bis die letzten Töne Zeit gehabt haben zu verklingen. Ein Moment der Stille gehört nach dem Ende jeder Oper sozusagen mit zur Komposition. In Bayreuth kann man, besonders wenn man bei *Parsifal* zu früh klatscht, in ziemliche Schwierigkeiten geraten.

Orden Orden legt man nur an, wenn man auf der *Einladung* (siehe auch: *Einladung*) ausdrücklich dazu aufgefordert wird. Die meisten Orden kommen in dreifacher Ausführung vor: Bruststern mit Schärpe, zumeist aus Emaille (für Uniform oder Frack), eine kleinere Version (für das Revers am Smoking oder *Morning suit*) sowie eine Knopfversion (für das Revers eines dunklen Anzugs). Letzteren kann man, zu festlichen Anlässen, auch unaufgefordert tragen. Das Nonplusultra ist der *Pius*-Orden des Vatikans. Er existiert Erster und Zweiter Klasse, die Nummer eins ist erblich, die Nummer zwei nicht. Ein fast ebenso begehrter Orden ist der des Goldenen Vlieses, der 1430 ins Leben gerufen wurde. Verliehen wird das *Goldene Vlies* vom spanischen König oder dem Chef des Hauses *Habsburg*.

Ordnung Ordnung ist in der Tat das halbe Leben. Wer nicht von Natur aus ordentlich ist, kann dies mit ein wenig Disziplin lernen. Man verbessert dadurch nicht nur seine Lebensqualität, sondern auch die seiner Mitmenschen. Wer ordentlich ist, bringt gewöhnlich Menschen und Dingen allgemein mehr Respekt entgegen. Wer unordentlich ist und stets Chaos um sich herum verbreitet, verliert eine Menge Zeit damit, Dinge wiederzufinden, die er dringend braucht: Schlüssel, Dokumente, wichtige Telefonnummern usw. Ordnung ist ein wesentlicher Bestandteil guter Organisation, sowohl im Berufs- als auch Privatleben. Es empfiehlt sich, geplante Vorhaben und Termine in einen Kalender einzutragen sowie Erledigtes abzuhaken. Wer im Chaos lebt, ist eine Belastung für seine Umwelt.

P

Bitte ein bisschen Aufmerksamkeit

Eines Tages rief mich mein Freund Quincy Jones, *der große amerikanische Plattenproduzent, an. Er teilte mir mit, dass er zusammen mit einem berühmten Schauspieler aus Hollywood nach Rom kommen wolle. Er würde sich freuen, mich zu sehen, und gerne gemeinsam mit mir und seinem Freund zu Abend essen. Er wies jedoch ausdrücklich darauf hin, dass die Reise privater Natur sei und man daher öffentliches Interesse vermeiden wolle. Er sagte das, weil er wusste, dass er in die Stadt kam, in der das Wort* Paparazzi *erfunden wurde.*

Ich lud beide mitsamt ein paar Freunden von mir in eine kleine römische Trattoria *ein, die ein absoluter Geheimtipp war und in der keinerlei »Schickimickis« verkehren. Nach kurzer Zeit jedoch bemerkte ich, dass unser Filmstar sich nicht so recht wohl fühlte. Vielleicht irritierte ihn das einfache Ambiente oder die Tatsache, dass niemand ihn zu erkennen und niemand ihm besondere Aufmerksamkeit zu schenken schien. Ich sprach meinen Freund,* Quincy Jones, *diskret darauf an und wir beschlossen, dass der Rahmen vielleicht doch etwas zu eintönig sei und man dem Star lieber ein wenig Abwechslung bieten sollte. Wir beendeten das Abend-*

essen also relativ schnell und begaben uns in ein Nachtlokal, das zu der Zeit besonders in *war. Es dauerte nicht lange, bis einige den Star erkannt hatten und sich neugierig näherten. Dies schien ihm alles andere als unangenehm zu sein, ganz im Gegenteil. Einige Gäste waren sogar so forsch, ihn um ein Autogramm zu bitten, und wenig später tauchten auch die ersten* Paparazzi *auf. Unser Star taute förmlich auf, begann zu lachen und zu scherzen und gab so dem Abend eine unerwartet angenehme Wendung. Seitdem weiß ich, dass nicht alles, was lästig scheint, auch lästig ist.*

Donna Alessandra

Paparazzi Spätestens seit Prinzessin Diana wissen alle Leute von der Klage *Prominenter* (siehe auch: *Prominenz*) gegen die Plage der Boulevard-Fotografen. Was wenige wissen: Viele Stars haben sich so an Fotografen gewöhnt, die sie fast auf Schritt und Tritt verfolgen, dass ihnen geradezu etwas fehlt, wenn sie nicht verfolgt werden.

Parfüm *Make-up* (siehe auch: *Make-up*) und Parfüm sind die »chemische Kriegsführung« der Frau zur Eroberung des Mannes, sagte *Peter Sellers*. Doch wie bei vielen Dingen gilt auch bei Parfüm: Weniger ist mehr. Ein Herr sollte überhaupt kein Parfüm benutzen, sondern nur Deodorant und Rasierwasser (obwohl es bei Herren auch geruchlose tun).

Party Partys und Feste, aus welchem Anlass auch immer, stellen den Stil der Einladenden und der Gäste in vielerlei Hinsicht auf die Probe. Wie sagt man zu? Zum Beispiel, wenn man alleine *eingeladen* (siehe auch: *Einladung*) ist, nicht verheiratet ist, aber dennoch gerne in Begleitung erscheinen möchte? Überreicht man seinen Gästen ein kleines Präsent oder bringt man als Gast eines mit? Wann soll man kommen, wann soll man gehen? Gibt es Partys bzw. Feste, auf die man nicht gehen sollte? Ein Minenfeld von Fragen!

Also der Reihe nach: Zu- bzw. Absagen sollten möglichst frühzeitig erfolgen, weil dies dem Gastgeber viel Mühe erspart. Liegt einem daran, einen weiteren Gast, zum Beispiel eine enge Freundin oder einen Freund, auf die Party mitzubringen, bleibt einem nichts anderes übrig, als dem Gastgeber rechtzeitig von diesem Wunsch zu berichten. Keinesfalls sollte dabei die Botschaft mitschwingen: »Ich komme nur, wenn ... auch eingeladen wird.« Überhaupt ist es meist eine heikle Sache, zusätzliche Gäste auf ein Fest einzuschleusen. Im Zweifelsfall sollte man also unterlassen, dies zu versuchen. Ist man als Gastgeber mit solch einem Versuch konfrontiert, kann man durchaus höflich bleiben und dennoch ablehnen (gängige Ausreden: »Zu viele haben schon zugesagt« oder »Es fehlen noch Damen, nicht aber Herren«).

Bei großen Familienfesten, etwa bei *Hochzeiten und Taufen* (siehe auch: *Hochzeit, Geburt*), ist es eine nette Sitte, dass die Gastgeber ihren Gästen eine Art Erinnerungsgeschenk mit auf den Weg geben. Sie finden dann zum Beispiel beim Abendessen einen kleinen Aschen-

Warum Beerdigungen die besseren Einladungen sind

Mein Mann war jemand, der stets versuchte, allen Geschehnissen eine humorvolle Seite abzugewinnen oder zumindest unangenehmen oder zwanghaften Situationen die Spannung zu nehmen. Dies führte dazu, dass er bei vielen Freunden und Bekannten als Zyniker galt. Für mich war und bleibt er einfach jemand, der dem Ernst des Lebens immer wieder auf bewundernswerte Weise trotzte.

Wir waren einmal auf einer Beerdigung und selbst bei einem solchen Anlass konnte er es nicht lassen, eine spaßige Bemerkung zu machen: »Ich gehe eigentlich viel lieber auf Beerdigungen als auf Hochzeiten«, flüsterte er mir ins Ohr. Ich war zugegebenermaßen perplex und fragte ihn später, wie er denn darauf komme. »Auf Beerdigungen trifft man normalerweise eine seriösere Klientel«, erwiderte er, »es kommen diejenigen, die sich sonst rar machen.«

Fürstin Gloria

becher oder einen Schlüsselanhänger auf ihrem Teller, womöglich sind darauf die Initialen der Gastgeber und das Datum des Ereignisses festgehalten. Als Gast sollte man zu großen Familienfesten nicht ohne *Präsent* (siehe auch: *Geschenk*) erscheinen. Bei Hochzeiten, Taufen und Geburtstagen sollte man nicht kleinlich sein oder zumindest den Eindruck der Sparsamkeit vermeiden.

Die klassischen Anlässe für Feste sind Hochzeit, Taufe, runde Geburtstage, Jubiläen, hohe Besuche. Das sind Gelegenheiten, zu denen man geradezu verpflichtet ist, einzuladen, und als *Eingeladener* (siehe auch: *Einladung*) auch eigentlich keinen Grund haben sollte, abzusagen. Alles andere, von Firmenpartys über Premieren oder Geschäftseröffnungen bis hin zu großen Wohltätigkeitsfesten oder Preisverleihungen, sind Gelegenheiten, zu denen man erscheinen *kann,* gelegentlich auch sollte, um gesellschaftlich präsent zu sein; man sollte aber tunlichst vermeiden, keine dieser Gelegenheiten auszulassen. Wenige Dinge gelten als so unelegant, wie als ständiger »Partygänger« verschrien zu sein. Andererseits sollte man es auch nicht zur Gewohnheit werden lassen, permanent Einladungen abzusagen, weil man dann bald feststellen wird, dass man nicht mehr eingeladen wird. Die wahre Kunst ist es, eingeladen zu sein, sich aber den Luxus leisten zu können, abzusagen. »Selektion« lautet hier das Zauberwort, oftmals glänzt man strahlender durch Abwesenheit.

Partylöwe Man sollte tunlichst vermeiden, als *Partylöwe* (siehe auch: *Party, Schickeria*) zu gelten. Partylöwen sind meistens darauf bedacht, bemerkt und erkannt zu werden, denn sie sind darauf erpicht, überall eingeladen zu sein. Befinden sie sich auf einem Fest, dann fühlen sie sich in ihrem Element und achten eitel darauf, angenehm aufzufallen und *everybody's darling* zu sein. Meistens sind sie routinierte und unermüdliche Tänzer. Sie fallen dann angenehm auf, wenn sie nicht mit aufgeknöpftem Hemd und schwitzend als Allerletzte das Fest verlassen.

Pelz Eine der wenigen Konzessionen an die *Political Correctness* (siehe auch: *Political Correctness*) sollte der zurückhaltende Gebrauch von Pelzen sein. Einen Pelz zu tragen, wenn es sehr kalt ist und der Anlass es erlaubt, ist akzeptabel und schick. Wer Pelze besitzt und sie gerne trägt, muss die Feinfühligkeit besitzen, zu wissen, wo und wann er sie tragen darf. Zur Jahreshauptversammlung des *World Wildlife Funds* im Pelz zu erscheinen ist zum Beispiel sehr ungeschickt, beim Besuch eines Balletts im Moskauer *Kirov-Theater* ist ein Pelz hingegen durchaus passend.

Placement Auch bei informellen Essen ist es sinnvoll, sich über die Sitzordnung Gedanken zu machen. Sie geben damit Ihrer Tischrunde und der von ihr gepflegten *Konversation* (siehe auch: *Konversation*) eine größere Bedeutung. Wenn sich Gastgeber darüber Gedanken machen, wo ihre Gäste beim Abendessen sitzen, und einen Sitzplan erstellen, dann spricht man bei uns von »Placement«.

Als Gastgeber bemüht man sich darum, eine »bunte Reihe« herzustellen, das heißt, dass Damen und Herren abwechselnd platziert werden. Priester können gegebenenfalls als »Joker« einspringen, da sie auch für »die« Kirche stehen – und die ist schließlich weiblich. Der Ehrengast oder der *protokollarisch* (siehe auch: *Protokoll*) hochrangigste Gast sitzt rechts von der Hausherrin, der zweithöchste Ehrengast links von ihr. Rechts neben dem Hausherrn sitzt die ranghöchste Dame (im Zweifelsfall die Frau des Ehrengastes Nr. 1), links von ihm die im Rang zweithöchste. Die Ehre, neben der Gastgeberin oder dem Gastgeber zu sitzen, kann auch einem Gast zuteil werden, der zum ersten Mal im Haus ist.

Man sollte beim *Placement* darauf achten, möglichst Personen nebeneinander zu setzen, von denen man glaubt, dass sie sich gut miteinander unterhalten können; keinesfalls dürfen Ehepaare nebeneinander gesetzt werden. Ebenso achtet man auf die Charaktereigenschaften der Gäste, die man nebeneinander setzen will – so würde man nie zwei als sehr still bekannte Menschen nebeneinander setzen, um eine »tote Ecke« am Tisch zu vermeiden.

Political Correctness Ursprünglich ein guter Ansatz, um der Diskriminierung von Frauen, ethnischen Minderheiten usw. zu begegnen, ist das Diktat der »PC« zu einer Geißel unserer Zivilisation geworden. Selbstverständlich ist es beispielsweise ungehörig, *Witze* (siehe auch: *Witze*) zu reißen, die stereotype oder pauschale Urteile enthalten, andererseits verrät manchmal die Verkrampftheit in Bezug auf gewisse Themen, dass man Meinungen hegt, die man lieber versteckt. Ein Schwarzer kann problemlos Witze über »Neger« machen, niemand wird ihn verdächtigen, ein Rassist zu sein. Ein

Weißer, der über jeden Zweifel erhaben ist, ein Rassist zu sein, kann dies ebenso. Erst wenn man ein Thema, etwa den Unterschied zwischen schwarzer und weißer Hautfarbe, sehr ernst nimmt, wird man sich hüten, darüber Witze zu machen. Oft sind die unverkrampften Menschen, die nicht so auf ihre Wortwahl achten, ehrlicher als jene, die sich politisch korrekt geben, deren wahre Empfindungen aber im Verborgenen bleiben. Die übertriebene PC äußert sich auch in der Überreglementierung der Sprache, denn sie verschleiert die wahren Empfindungen und Ansichten. Wie soll man denn wissen, wer Frauenfeind oder Rassist ist, wenn alle Menschen gleich korrekt reden?

Positivität Grundsätzlich sind positiv eingestellte Menschen die angenehmeren. Doch bitte halten Sie es nicht für höflich, alles ständig überschwänglich zu loben. »Ach, wie schön!«, »Nein, wie interessant!«, »Mein Gott, ist das aufregend?«, »Suuuuper!«, »Wirklich? Nein, wie toll!« – Wenn man *Phrasen* (siehe auch: *Floskeln*) zu oft drischt, entleert man sie ihres Sinns.

Postkarte Wer morgens in seinen Briefkasten blickt, findet zumeist Werbepost, Einladungen zu Veranstaltungen, an denen er kein Interesse hat, und Rechnungen. Daher ist nur wenig so erfreulich, wie neben all der »junk mail« Grüße von Freunden oder Verwandten zu erhalten, die in fernen Ländern Urlaub machen. Schade ist dann allerdings, wenn man nicht genau entziffern kann, von wem die Postkarte kommt. Da man oft mehrere Freunde gleichen Vornamens hat,

Schluss mit anonymen Postkarten

Vor einiger Zeit erhielt ich regelmäßig anonyme Postkarten aus entlegenen Orten mit leicht anzüglichem Inhalt. Dies erzählte ich beiläufig einer Freundin von mir, die sofort antwortete: »Was, du auch?« Wir trafen uns wieder, um die Postkarten miteinander zu vergleichen, und stellten fest, dass der Absender wohl ein und derselbe sein musste. Offensichtlich handelte es sich um einen gemeinsamen Bekannten, zu dessen Urlaubsvergnügen es gehörte, ihm bekannten Damen anzügliche Postkarten zu schicken – im sicheren Gefühl, dass seine Identität unentdeckt bliebe. Da hatte der Herr allerdings nicht mit unserem detektivischen Talent gerechnet, denn es dauerte nicht lange, bis wir nach dem Zusammentragen vielerlei Indizien genau wussten, um wen es sich handelte.

Wir beschlossen, ihm eine Retourkutsche zu verpassen, und als wir ihn das nächste Mal auf einem gesellschaftlichen Ereignis trafen, sprachen wir ihn an: »Vielen Dank für deine originellen Postkarten!« Erst versuchte er zu leugnen, was uns Gelegenheit gab, auf den Inhalt seiner Postkarten einzugehen. Dem Herrn war dies überaus peinlich – er war nämlich in Begleitung einer Dame –, er errötete fürchterlich und entschuldigte sich schließlich. Wir nahmen ihm seinen Streich allerdings nicht

weiter übel und akzeptierten die Entschuldigung. Auf das zweifelhafte Vergnügen obszöner Postkarten müssen wir seither verzichten, der Herr hat sich das Postkartenschreiben abgewöhnt.

Donna Alessandra

empfiehlt es sich, auch bei Postkarten die Unterschrift leserlich zu schreiben und vielleicht sogar mit Nachnamen zu versehen.

Wer sich die Mühe macht, eine Postkarte zu schreiben, sollte sich auch die Mühe machen, zwei, drei Sätze zu schreiben statt nur »Grüße aus …«. In angelsächsischen Ländern hat sich zum Beispiel die Unart eingebürgert, nichts anderes als die Phrase »Wish you were here« auf Postkarten zu schreiben. Auch wenn das sicher nett gemeint ist, ist dies doch ein wenig unergiebig.

Vornehm ist es, eine Postkarte nicht offen, sondern im Kuvert zu verschicken. Dies sollte man, schickt man sie nicht an enge Freunde und Verwandte, immer tun.

Prominenz Man kann sich des Eindrucks nicht erwehren, dass die *Prominenten* (siehe auch: *Paparazzi*) minütlich mehr werden. Nicht erst durch Phänomene wie Talkshows und Reality-TV kann schon morgen der Bäcker an der Ecke ein VIP, eine *very important person*, sein. Es scheint sogar, dass Prominenz, also auch die Präsenz in den Medien, aufgehört hat, ein Privileg zu sein. Auch ist es, im Zeitalter ständiger Berieselung durch die Medien, in denen sich Prominente und Halbprominente tummeln, nichts Besonderes mehr, im Fernsehen zu sein oder gar nur in der Zeitung zu stehen.

Die Inflation an Prominenz sollte aber nicht darüber hinwegtäuschen, dass es sehr wohl noch »wichtige Persönlichkeiten« gibt, die – um sie von der aufstrebenden Masse der »VIPs« zu unterscheiden – hier »MIPs« genannt werden sollen (also *most important people*), wie Könige, ehemalige oder amtierende Staatschefs und sonstige weltliche oder kirchliche Würdenträger. Der Zugang zu ihnen und der *Umgang mit ihnen* (siehe auch: *Anrede, Hoheiten, Protokoll*) sind an anderer Stelle dieses Buches beschrieben. Um den Begriff MIP auszuweiten, sei an dieser Stelle vermerkt, dass zu den MIPs auch herausragende Persönlichkeiten aus dem Showgeschäft oder dem Spitzensport zählen. Ein *Leonardo Di Caprio* oder ein *Michael Schumacher* hat zwar nicht den Status eines Königs oder eines Staatsoberhaupts, ist aber sehr wohl als MIP zu betrachten, etwa wie ein Königssohn, ein Minister oder ein anderer Würdenträger. Das heutige Protokoll kann sich nicht mehr wie früher an eine exakte Hofrangordnung halten, heute geschieht es, dass ein Friseur plötzlich prominenter ist als seine Kunden, ein Botschafter bei einem Staatsbankett schlechter gesetzt wird als ein bekannter Schauspieler. Ob das richtig oder falsch ist, spielt eigentlich keine Rolle mehr, weil unsere egalitäre Gesellschaft für den protokollarischen Rang einer Person nichts anderes mehr gelten zu lassen scheint als »Prominenz«. Es gibt allerdings noch Kreise, in denen weiterhin die alten protokollarischen Regeln gelten, Gesellschaften, die auf Pro-

Ehre, wem Ehre gebührt

Mein seliger Ehemann hatte eine eigenwillige Art, Stars zu begegnen, und hielt sich dabei leider an keinerlei Benimmregeln. Als Franz Beckenbauer *seine Fußballerkarriere bei einem Klub in* New York *ausklingen ließ, begegnete er dort auf einer Party meinem Mann. Der wusste natürlich genau, wer Franz Beckenbauer war, begrüßte ihn aber mit den Worten: »Ich bin so geehrt, Sie kennen zu lernen. An welchem Tennisturnier nehmen Sie hier teil?«*

Fürstin Gloria

minenz keine Rücksicht nehmen, bei denen nur der Rang oder das Alter der Familie als Kriterium für die Sitzordnung dienen.

Wie begegnet man Prominenz? Es scheint in der Natur des Menschen zu liegen, öffentlich bekannte Persönlichkeiten interessant zu finden und Begegnungen mit ihnen zu genießen. Dafür braucht man sich nicht zu schämen. Begegnet man so einem MIP, dann ist es ehrlicher und zeugt von gesundem Selbstbewusstsein, dieses Interesse offen zu gestehen, anstatt künstliches Desinteresse zu heucheln. Wenn man eine berühmte Schauspielerin, zum Beispiel *Julia Roberts,* fragt »Was machen Sie beruflich?«, ist diese Frage wirklich nur charmant, wenn man tatsächlich keine Ahnung hat, wer sie ist. Befinden Sie sich auf einem gesellschaftlichen Ereignis, wo sich jemand aufhält, den Sie wegen ihrer oder seiner Prominenz gerne kennen lernen möchten, spricht nichts dagegen, den Gastgeber zu bitten, Sie vorzustellen. In der *Unterhaltung* (siehe auch: *Konversation*) mit einem MIP sollte man sich natürlich und aufgeschlossen geben, ohne dabei lästig oder aufdringlich zu wirken. Viele MIPs schätzen es außerordentlich, wenn ihnen Freude und aufrichtiges Interesse an ihrem Lebenswerk entgegengebracht werden. Was MIPs nicht schätzen, sind Schmeichler.

Wie verhält sich ein MIP? Prominenz kommt von »herausragen«. Das heißt, man sollte als Prominenter auch in Tugenden herausragend sein wie Bescheidenheit, Freundlichkeit, Pünktlichkeit etc.

Protokoll Das Protokoll befand sich einst in den Händen der Könige und Fürsten selbst, die entschieden, welchem ihrer *Besucher* (siehe auch: *Party*) sie welche Ehre, beispielsweise bei der Sitzordnung bei Tisch, zuteil werden ließen. Heutzutage besteht das *Protokoll* (siehe auch: *Placement*) aus Beamten in Außenministerien. Sie führen exakte Listen und Tabellen, um zum Beispiel zu bestimmen, welchem Staatsgast welche Ehre zuteil wird. Wer holt den Staatsgast am Flugzeug ab? Gibt es eine Ehrenformation des Wachbataillons, wie groß ist die Autokolonne, wo wird der Staatsgast untergebracht, wie ist die Beflaggung usw. Unterschieden wird auf offizieller Ebene in erster Linie zwischen

Arbeitsbesuchen und Staatsvisiten, die naturgemäß mit unterschiedlichem Bombast begangen werden.

Pünktlichkeit »Pünktlichkeit ist die Kunst, richtig abzuschätzen, um wie viel man sich verspäten darf« *(Bob Hope)*. Im Berufsleben und bei Verabredungen sollte man möglichst ein paar Minuten zu früh da sein, ansonsten heißt »Pünktlichkeit«: Zu Abend- und Mittagessenseinladungen darf man etwa 5 Minuten zu spät eintreffen, zu Cocktails und Tees bis zu 15 Minuten. Auf abendlichen *Partys* und Bällen darf man bis etwa 30 Minuten nach der auf der Einladung angegebenen Zeit erscheinen.

Q

Quod licet Iovi,
non licet bovi

Quod licet Iovi, non licet bovi Eine der ungerechtesten, aber unverrückbarsten Wahrheiten: Was dem Jupiter erlaubt ist, ist dem Ochsen noch lange nicht erlaubt. Zwar pflegen sich Kaiser und Könige instinktiv an Sitten zu halten, es ist ihnen aber erlaubt, sich über die eine oder andere Regel hinwegzusetzen.

Majestäten pflegen zu spucken?

Eine der prägendsten Erfahrungen meiner Kindheit war folgendes Erlebnis: Ich war etwa sieben Jahre alt und verbrachte die Ferien mit meinem Vater auf unserem Schiff im Mittelmeer. Eines Tages kam eine regierende Königin an Bord. Sie nahm ihre Drinks, unterhielt sich heiter und angeregt und plötzlich sah ich, wie Ihre Majestät, wahrscheinlich weil sie sich verschluckt hatte, etwas auf den Boden spuckte … Alle hatten es gesehen, aber alle taten so, als hätten sie nichts bemerkt. Später, als sich die letzten Gäste verabschiedet hatten, ging ich zu meinem Vater und fragte ihn: »Papa, was sagst du dazu, dass die Königin gespuckt hat?« Mein Vater lächelte scheinheilig und sagte: »Gespuckt? Wer sagt das? Ich hab nichts gesehen!« Ich begriff.

Donna Alessandra

R

Ratschlag
Rauchen
Reden
Reisen
Restaurant
Ring

Ratschlag Vorsicht bei Ratschlägen! Besonders bei wichtigen und nicht banalen Themen. Wenig kann eine Freundschaft dermaßen belasten wie ein gut gemeinter Rat, den der andere womöglich gar nicht hören möchte. Gut gemeint ist oft das Gegenteil von richtig. Hüten Sie sich vor ungebetenen Ratschlägen, denn diese können als Unverschämtheit empfunden werden.

Der letzte Rat

»Sag schon, was hältst du von ihm?« Eine gute Freundin von mir ließ mir keine ruhige Minute mehr und drängte mich zu einem Urteil über einen Mann, der ihr den Hof machte. Der betreffende Herr war schon älteren Semesters, hatte bereits eine Ehe hinter sich und genoss in der Gesellschaft den Ruf eines »Mitgiftjägers«. Als gute Freundin fühlte ich mich verpflichtet, sie über den Ruf ihres Kavaliers aufzuklären. Das stellte sich als folgenschwerer Fehler heraus. Die beiden heirateten wenig später, inzwischen haben sie zwei entzückende Kinder, nur unsere Freundschaft ist merklich abgekühlt. Begegnen wir uns seither, grüßen wir uns. Mehr nicht. Seitdem bin ich mit Ratschlägen etwas vorsichtiger.

Donna Alessandra

Rauchen Wer raucht, sollte bestimmte Regeln beachten, damit das Miteinander von Rauchern und Nichtrauchern nicht unnötigerweise getrübt wird.

Das Rauchen ist insbesondere dort zu unterlassen, wo ausgesprochenes Rauchverbot herrscht, auch wenn das an vielen Orten der Welt nicht mehr nur auf einzelne Zugabteile oder Wartezimmer in Arztpraxen beschränkt ist, sondern immer häufiger Rauchen in der Öffentlichkeit verboten wird. Ist man in Gesellschaft, vergewissert man sich vor dem Anzünden einer Zigarette höflich, ob der »blaue Dunst« jemanden stört. Dies gebieten Höflichkeit und Rücksicht. Falls niemand etwas gegen das Rauchen einzuwenden hat, sollte man dieses Entgegenkommen allerdings nicht überstrapazieren. In Anwesenheit von Kleinkindern, kranken oder älteren Personen sollte man das Rauchen unterlassen.

Man raucht nicht während des Essens, allerhöchstens nach dem Dessert, und auch nur dann, wenn sich *Aschenbecher* (siehe auch: *Aschenbecher*) auf dem Tisch befinden und Zigaretten vom Gastgeber gereicht werden. Auch wenn man jemanden begrüßt, ist es unhöflich, eine Zigarette in der Hand zu halten (oder sie gar, wie im Wilden Westen, in den Mundwinkel zu klemmen). Bevor man jemandem die Hand schüttelt, sollte man die Zigarette in einen Aschenbecher legen. Mit angesteckter Zigarette ein Geschäft, einen Aufzug, ein fremdes Büro oder eine Wohnung zu betreten gilt ebenfalls als überaus unhöflich.

Von selbst sollte sich verstehen, dass man Asche nicht auf den Boden fallen lässt und Zigaretten im Aschenbecher (vollständig) ausdrückt, sie also nicht etwa einfach auf den Boden wirft und mit dem Schuh austritt. Achtlos im Freien weggeworfene Zigarettenstummel sind ein Ärgernis. Und: Auch heute noch gilt: Eine Dame raucht nicht auf der Straße. Dieses Privileg ist traditionell Damen des horizontalen Gewerbes vorbehalten.

Reden Schon als junger Mensch sollte man gelernt haben, Reden zu halten, und zwar freie, also ohne Manuskript. Eine gute Rede – das lernt man nur durch Routine – muss nicht nur interessant sein, sondern die Zuhörer auch bei der Stange halten, sie womöglich amüsieren und gegebenenfalls überzeugen. In Deutschland wird die Vermittlung der Kunst der Rhetorik auf den Schulen meist vernachlässigt. In England gibt es auf jeder Schule eine *Debating Society,* mit dem Ergebnis, dass Reden in England keine Qual für die Zuhörer sind. Wer einmal Reden im Londoner Unterhaus gehört hat und die Gelegenheit bekommt, diese mit den Reden im Deutschen Bundestag zu vergleichen, der wird verstehen, warum es so schade ist, dass Rhetorik im deutschen Sprachraum dermaßen verkümmert. Robert Lembke sagte einmal den wahren Satz: »Ob sich die Redner darüber klar sind, dass 90 Prozent des Beifalls, den sie beim Zusammenfalten ihres Manuskripts entgegennehmen, ein Ausdruck der Erleichterung ist?«

Reisen Vor der industriellen Revolution war Reisen das Statussymbol schlechthin. Nur abenteuerhungrige oder exzentrische Söhne aus gutem Hause, die sich eigene Expeditionen leisten konnten, und wohlha-

bende Intellektuelle und Forscher reisten in die entlegensten Winkel der Erde, entdeckten versunkene Kulturen oder berichteten nach ihrer Rückkehr von Orten, die ihre Zeitgenossen nur aus dem Atlas kannten. Erst sehr viel später wurde Reisen als vergnüglicher Zeitvertreib entdeckt – natürlich von den durch ihren Wohlstand »zur Abenteuerlust verdammten« Engländern. Die ersten touristischen Reiseziele waren die Schweizer Berge und die Inseln des Mittelmeers.

Inzwischen gehört das *Reisen* (siehe auch: *Fliegen*) quasi zum Grundbedürfnis des modernen Menschen und selbst für den Kioskbesitzer um die Ecke ist es fast selbstverständlich, in Asien gewesen zu sein oder eine Kreuzfahrt zur Antarktis zu planen. In solchen Zeiten kann es eigentlich nur eine Empfehlung geben: Verbringen Sie Ihre Urlaubszeit dort, wo Sie garantiert keinem deutschen Touristen begegnen – nämlich in

Deutschland! Waren Sie schon in Regensburg? Auf der Wartburg? In Lübeck? In Rothenburg ob der Tauber? In Aachen? In Trier? Haben Sie schon einmal das Allgäuer Durchgangstal zum Hochgebirge gesehen, die Mecklenburgische Seenplatte befahren, die Lüneburger Heide, den Schwarzwald, das Oberrheintal oder das malerische Schleswig-Holstein besucht? Die bayerischen Seen, die Nord- und die Ostsee …?

Restaurant Das Essen im Restaurant ist ein Erlebnis, aber eines, um das man nicht zu viel Aufhebens machen sollte. Das Zelebrieren eines Essens im Restaurant, als ob es ein feierliches Hochamt wäre, ist nicht nonchalant und daher zu vermeiden. Ähnlich wie beim *Wein* (siehe auch: *Wein*) weiß man die Qualität eines guten Tropfens oder einer exzellenten Küche zu schätzen. Man genießt sie jedoch mit Lässigkeit und Routine, auch wenn man diese nicht hat.

Wirklich elegant ist es übrigens, zu sich nach Hause *einzuladen* (siehe auch: *Einladung*). Selbst in den kleinsten Wohnungen ist es – mit etwas Geschmack und Organisationstalent – durchaus möglich, ein stilvolles Essen zu geben. Sollte man zu Hause auf Bedienung Wert legen, kann man sich diese allerorts (zum Beispiel über einen Partyservice) für den Abend anheuern.

Betritt man als *Herr mit einer Dame* (siehe auch: *Vortritt*) ein Restaurant, geht der Herr ausnahmsweise voraus. Diese Sitte ist immer noch gültig, obwohl sie aus einer Zeit herrührt, in der man an öffentlichen Orten nicht sicher war und der Herr die Lokalität erst begutachten musste. Heute ist dies vor allem deswegen so, weil es dem Herrn obliegt, mit dem Personal zu sprechen, den Tisch zu organisieren.

Gegenüber dem Restaurantpersonal verhält man sich freundlich, aber keinesfalls allzu fraternisierend. Genauso wie man nicht mit den Fingern nach dem Kellner schnippt, duzt und spaßt man auch nicht mit ihm, zumal wenn man in Begleitung ist.

Handys (siehe auch: *Handy)* sind in Restaurants tabu.

Man sagt – obwohl allerorten zu hören – nicht *»Guten Appetit!«* (siehe auch: *Guten Appetit!*). Weil man nämlich nicht isst, um satt zu werden, sondern um zu genießen.

Wer zahlt das Essen? Normalerweise sollten die Herren zahlen, die Damen nicht. Vielfach ist diese Regel allerdings überholt. Trifft man sich mit mehreren Freunden zum Essen in einem Restaurant, ist es aber immer noch so, dass sich die Herren untereinander die *Rechnung* (siehe auch: *Trinkgeld*) teilen und die Damen eingeladen sind. In kleinerem Kreis sollte ein Herr stets zumindest anbieten, zu zahlen (schnell genug zur Brieftasche greifen, nicht im Zeitlupentempo!). Wenn eine Dame darauf besteht, die Rechnung zu begleichen, muss man dies als Herr allerdings in manchen Fällen akzeptieren.

Ring Ein *Ring* (siehe auch: *Schmuck*) gehört an den Finger und nicht in die Nase, an den Zeh oder an den Bauchnabel. Damen dürfen Ringe auch zusätzlich am kleinen Finger tragen. Für Damen gilt: Weniger ist mehr – zumal ein besonders hübsches oder wertvolles Stück als Solitär an der Hand wesentlich besser zur Geltung kommt. Für Herren gilt: Noch weniger ist noch mehr. Eigentlich sollte ein Herr gar keine Ringe tragen, außer Ehering, gegebenenfalls Verlobungsring und vielleicht noch einen Siegelring. Aber bitte Vorsicht bei Siegelringen: Meistens wird nämlich der Siegelring größer, je kleiner der Adel ist …

Von der Kunst, sich Verunstaltungen zu verdienen

Kürzlich überraschte mich meine Tochter mit dem Ansinnen, sich piercen *lassen zu wollen. Mein erster Gedanke war, es ihr kategorisch zu verbieten, doch ich hielt mich zurück. Mir war klar, dass dies – außer zu einem unerfreulichen Wortgefecht – zu nichts führen würde und wahrscheinlich nicht geholfen hätte, sie von ihrem albernen Plan abzubringen. Ich entschloss mich, stattdessen wohlüberlegt und diplomatisch vorzugehen und ihr das Vorhaben nach allen Regeln rhetorischer Kunst auszureden. Ich erklärte ihr, dass* Piercings *vulgär seien und nur in klar eingrenzbaren Bevölkerungsgruppen als* in *gelten. Um zu vermeiden, vor meiner Tochter als hochnäsig zu gelten, zog ich es vor, meine Argumentation vor allem auf unseren gemeinsamen Sinn für Ästhetik zu stützen.*

Doch alles Argumentieren half nicht. Meine Tochter ließ sich nicht überzeugen. Obwohl es mich eine Menge Überwindung kostete, schlug ich schließlich folgenden Kompromiss vor: »Wenn du es schaffst, deine Note in Mathematik wesentlich zu verbessern, lege ich gegen ein Piercing, *aber nur ein dezentes am Bauchnabel, kein Veto mehr ein!« Ich redete mir ein, dass es dort ja kaum sichtbar wäre und gerade noch als »Schmuck« durchgehen könnte.*

Ihre Note in dem ihr verhassten Fach verbesserte sich tatsächlich, mit dem Erfolg, dass sie jetzt tatsächlich einen kleinen Ring am Bauchnabel trägt. Das erzählte ich meinem Bruder bei einem seiner Besuche, worauf der nur spöttisch meinte: »Und was ist, wenn sie in Mathematik mit einer Eins nach Hause kommt? Erlaubst du ihr dann eine Ganzkörpertätowierung?«

Fürstin Gloria

S

Schickeria Versuchen Sie auf jeden Fall, den Eindruck zu vermeiden, Sie gehörten zur Schickeria. In der höheren Gesellschaft ist das nie gerne gesehen. Es gibt ein paar Tricks, den Odeur der »Schickeria« zu vermeiden, auch wenn man das Pech hat, dazuzugehören: Man geht nicht auf jede Party, auf die man eingeladen ist, man redet nicht übers Vielfliegen, man vermeidet, übertrieben oft über Orte wie St. Moritz oder Monte Carlo zu reden (auch wenn man gerne hinfährt), man verzichtet auf »namedropping« (das Hinweisen darauf, wen man alles kennt). Achten Sie darauf, nicht regelmäßig in den Klatschspalten zu stehen.

Schlaf Wer ausreichend schläft, kann sich meist eines gesunden, frischen Aussehens erfreuen. In unserem Kulturkreis zieht man sich zum Schlafen in die Privaträume zurück und vermeidet es, in der Öffentlichkeit einzunicken. Meistens gibt man dabei nämlich eine unglückliche Figur ab.

Das Lange-in-den-Tag-hinein-Schlafen ist durchaus gestattet, ebenso wie der Nachmittagsschlaf, nur sollte man vermeiden, beides an die große Glocke zu hängen. Ruft jemand an, während man schläft, sollte der Angerufene vonseiten des Hauspersonals mit »Sie/Er ist im Moment nicht zu erreichen« beschieden werden und nicht etwa mit »Sie/Er schläft«. Denn was Sie gerade tun, geht nun wirklich niemanden etwas an. Die Zeiten sind wahrlich vorbei, in denen man Anrufer mit dem berühmten Satz abwimmeln konnte: »Madame/Monsieur n'a pas commencé sa journée« (Die Dame/Der Herr hat ihren/seinen Tag noch nicht begonnen!).

Schlange stehen Es ist für niemanden angenehm, in einer Schlange zu warten. Manche Menschen hassen Schlange stehen aber dermaßen, dass sie ausgefeilte Techniken entwickelt haben, um stets den Eindruck von Eile und Dringlichkeit zu vermitteln – sei es am Check-in-Schalter am Flughafen oder an der Theaterkasse –, und schaffen es auf diese Weise immer wieder, sich vorzudrängeln. Das ist eine schreckliche Unart, die von Geringschätzung gegenüber den Mitmenschen zeugt.

Die Höflichkeit gebietet es, eine solche Situation auf andere Art zu meistern. Befindet man sich wirklich einmal in einer Notlage und entschließt sich zum Vordrängeln, dann muss man die Wartenden um Erlaubnis fragen und nicht nur die Person, vor die man in die Schlange schlüpfen will.

Schmuck Wie *Ringe* (siehe auch: *Ring*) ist auch Schmuck den Damen vorbehalten. Ein Gentleman trägt keinen Schmuck. Halskette, Ohrringe und Armreifen sind Künstlern oder dem Showbusiness vorbehalten. Eine Dame sollte Goldschmuck möglichst nur tagsüber tragen, Perlen eignen sich als Tages- und als Abendschmuck, Diamant- oder Edelsteincolliers ab einer gewissen Größe sollten nur abends getragen werden. Zum *Abendkleid* (siehe auch: *Kleidung*) trägt man als Dame keine Uhr, außer eine Abenduhr, die sozusagen als Schmuckstück dient. Ein Diadem darf bei hohen festlichen Anlässen getragen werden, wenn auf der Einladung »Frack mit Orden« steht.

Schönheit Der Spruch »Wahre Schönheit kommt von innen« ist so banal wie wahr. Schönheit ist erstens eine Einstellungssache und zweitens hat sie damit zu tun, wie man sich pflegt und wie man sich gibt. Auch wer nicht von der Natur begünstigt ist, kann durch charmantes, selbstsicheres, freundliches Auftreten und *gepflegtes Äußeres* (siehe auch: *Körperpflege*) einiges kompensieren. Eine große Nase kann sehr apart sein, wenn die Trägerin sie pflegt und sie selbstsicher durch die Welt trägt.

Sexualität Die gesellschaftlichen Regeln, die Sexualität betreffend, unterscheiden sich von Land zu Land; in der höheren Gesellschaft gilt, dass Sex kein Konversationsthema ist. Sexualität ist das Intimste überhaupt und spielt sich hinter verschlossenen Türen ab. Das so genannte Fremdgehen ist in manchen Kulturen akzeptierter als in anderen. In romanisch geprägten Regionen, in Italien, Spanien und Frankreich, ist der betrogene Ehemann eine der ältesten Witzfiguren der Geschichte und der Literatur, in Deutschland und England ist er ein Opfer, das Mitleid und Sympathie verdient. In romanischen Ländern ist der »Fremdgeher« ein galanter Eroberer, in angelsächsischen und germanischen Ländern ein Wilderer. Der beste Ratschlag zu diesem Thema ist immer noch der des *Herzogs von Bedford,* der sagte: »Wenn sich die Gelegenheit eröffnet, mit der Frau Ihres Gastgebers oder eines Freundes ins Bett zu gehen – versuchen Sie taktvoll und dezent der Situation zu entfliehen. Und zwar ohne die Gefühle der Betreffenden zu verletzen.«

Shopping Die Sitten und Gebräuche beim Shopping sind von Kultur zu Kultur sehr unterschiedlich. Während einem in orientalischen Ländern Waren geradezu aufgeschwatzt werden, man aber auch um den Preis feilschen kann, ist beides in europäischen Ländern unüblich. Während man in Amerika als Kunde ständig angelächelt und nach seiner Befindlichkeit und Zufriedenheit gefragt wird, kann es einem in Berlin, aber auch in Paris oder Rom, passieren, als Kunde wie ein Störenfried behandelt zu werden, der es wagt, die Verkäufer in ihrer Ruhe zu stören.

Ist man als Kunde mit unfreundlichen Verkäufern konfrontiert, darf man seiner Verärgerung darüber mit etwas Sarkasmus Luft machen. Es genügt ein Satz wie: »Entschuldigen Sie, dass ich hier einkaufe, aber könnten Sie mir dabei eventuell helfen?«

Allerdings muss man auch als Kunde gewisse rudimentäre Regeln beachten: Man sollte grüßen, wenn man ein Geschäft betritt, man sollte nicht rauchen – außer wenn überall *Aschenbecher* (siehe auch: *Aschenbecher*) stehen, was meist nur in Läden für Motorradersatzteile der Fall ist –, man konsumiert nichts, man wartet, bis man an der Reihe ist, und behandelt das Verkaufspersonal freundlich und niemals von oben herab.

Smalltalk Der Smalltalk ist kein *Gespräch* (siehe auch: *Gespräch*) und keine *Konversation* (siehe auch: *Konversation*), sondern ein Herantasten an eines von beiden. Schneiden Sie keinesfalls eines der Themen Liebe, Tod, Broterwerb, die politische Großwetterlage oder Ihre Gesundheit oder Ihr *Spezialgebiet* (siehe auch: *Arbeit*) an. Reden Sie überhaupt über nichts Ernstes. Sagen Sie unverfängliche Dinge, ohne langweilig zu sein.

Smoking (Black Tie) Ursprünglich handelte es sich beim *Smoking* (siehe auch: *Kleidung*) um eine »Raucher-Jacke«. Bis zur Mitte des letzten Jahrhunderts war es für einen Gentleman selbstverständlich, abends in Gesellschaft Frack zu tragen. Nach dem Dinner begaben sich die Herren in den Rauchsalon und die Damen in ihren separaten Salon. Für den Rauchsalon entledigte man sich seines Fracks und zog eine Raucher-Jacke an, die der Kutscher, Chauffeur oder Leibdiener bereithielt, und später, wenn man wieder mit den Damen zusammenkam, tauschte man die Raucher-Jacke wieder gegen den Frack. Erst später setzte es sich durch, abends bei legereren Anlässen nicht im Frack, sondern im *Smoking* zu erscheinen. Man trug dann auch nicht mehr eine weiße Fliege, wie beim Frack, sondern eine schwarze (daher sagt man in England auch *Black Tie* oder *Dinner Jacket*).

Heutzutage ist der Smoking die gängige Kleidung für festliche gesellschaftliche Anlässe. Ein Smoking ist schwarz, allenfalls im Hochsommer oder in heißen Ländern darf die Smokingjacke auch weiß sein, ansonsten sind weiße Smokings Kellnern vorbehalten. Alles andere als eine schwarze Seidenfliege (natürlich selbst gebunden) ist (außer zu Fasching) deplatziert. Zum Smoking trägt man leichte Smokingschuhe, zum Beispiel aus schwarzem Lackleder; sie können geschlossen sein, aber besonders elegant sind die halb offenen mit der *Grogin*-Schleife. Keinesfalls trägt man normale schwarze Straßenschuhe, etwa mit *Brogueing* (das sind eingestickte Lochmuster). Ein Smokinghemd ist immer weiß oder nahezu weiß, aus Baumwolle, Pikee oder Seide. Der Kragen eines Smokinghemds ist Geschmackssache. Wir plädieren für den so genannten Haifischkragen (auch »französischer Kragen« genannt). Der »Vatermörderkragen«, als klassischer Bestandteil des Frackhemds, ist ein Relikt aus der Übergangszeit vom Frack zum Smoking als vorrangiger Abendkleidung. Manche Herren tragen gerne Vatermörderkragen zum Smoking, was aber nur dann korrekt ist, wenn das dazugehörige Hemd eine gesteifte Brust hat.

Snobismus Das Wort kommt tatsächlich vom Begriff *sine nobilitas,* also »ohne Adel«, womit man auf englischen Privatschulen einst Schüler bezeichnete, die nicht wegen ihrer Vorfahren in *Eton* oder *Harrow* aufgenommen wurden, sondern weil sie begabt waren, meist aus bescheideneren Verhältnissen kamen und die ihre Ausbildung an diesen teuren Eliteschulen Stipendien verdankten. Diese Snobs bemühten sich natürlich besonders, es in Stil, Sprache und Umgangsweisen ihren privilegierteren Schulkameraden gleichzutun.

Das Gegenteil eines Snobs ist demnach der *Cnob*, der *cum nobilitas*, der also adelig ist. Es ist natürlich einfach, sich als Cnob über das Bemühen der Snobs, stets »dabei zu sein«, zu amüsieren, allerdings muss man gerechterweise zugeben, dass Snobs für Cnobs ein sehr angenehmer Umgang sind. Auch wenn die Behauptung des sizilianischen Schriftstellers *Leonardo Sciascia* stimmt, dass auch einem Kommunisten in Gegenwart uralten Adels die Brust vor Stolz schwillt, ist ein Adeliger in der Umgarnung eines Snobs in der Regel besser aufgehoben als in der Gesellschaft von »Egalitaristen«. Snobs haben die angenehme Eigenschaft, sich durch gewisse Vorzüge ihren Platz in der höheren Gesellschaft zu »verdienen«, sei es durch besonderen Witz, durch Originalität, durch Können (oder Vermögen). Oft sind Snobs höflich, großzügig, besonders zuvorkommend, kurz: Der Snob verdient es nicht, immer nur mit erhobener Augenbraue beurteilt zu werden, wie es zum Beispiel das *Oxford Dictionary* tut, wo es unter »Snob« unter anderem heißt: »Personen mit übertriebenem Respekt vor gesellschaftlicher Position oder vor Reichtum und mit der Veranlagung, sich gesellschaftlich inferiorer Verbindung zu schämen; sie benehmen sich servil gegenüber gesellschaftlich Hochgestellten und beurteilen das Verdienst nach Äußerlichkeiten.«

Sonnenbrille Wie das Wort bereits nahe legt, trägt man Sonnenbrillen bei Sonnenschein. Dem häufigen und ständigen Tragen dieses Accessoires haftet ein Hauch von Unseriosität an. Insbesondere bei der *Begrüßung* (siehe auch: *Begrüßung*), aber auch in geschlossenen Räumen und natürlich, wenn die Sonne gar nicht scheint, sollte man keinesfalls dunkle Sonnenbrillen tragen, auch nicht, um Übermüdung zu kaschieren. Es sieht sonst so aus, als habe man etwas zu verbergen. Diese Regel gilt nicht für die italienischen Polizisten, *Gigolos* oder Mitglieder der *Cosa Nostra*.

Sport Wer regelmäßig *Sport* (siehe auch: *Sportlichkeit*) treibt, ist ein glücklicherer Mensch, weil Sport Geist und Körper belebt und fördert. Außerdem, und das ist vielleicht das Wichtigste, trainiert Sport Charaktereigenschaften wie Fairness, Teamgeist, Ehrlichkeit, Loyalität und Demut. Seine Fähigkeiten richtig einzuschätzen ist ebenso wichtig, wie beim sportlichen Wettkampf Ehrgeiz zu zeigen. Der übertriebene Wille zum Sieg kann einen aber auch unsympathisch erscheinen lassen. Sowohl elegant gewinnen als auch elegant verlieren will gelernt sein. Ein schlechter Verlierer offenbart sich nicht nur durch schlechte Laune, sondern auch durch fadenscheinige, nachträgliche Ausreden wie »Hätte ich nicht so einen schlimmen Rücken gehabt …«

Zu jeder Sportart gehört eine gewisse Kenntnis des

Die beleidigte Leberwurst beim Tennis

Als meine Kinder noch klein waren, habe ich im Sommer meistens andere Kinder und deren Eltern eingeladen, mit uns einige Wochen in unserem herrlichen Schloss auf dem Land zu verbringen. Tagsüber veranstalteten wir kleine sportliche Wettkämpfe, an denen sowohl die Kinder als auch die Erwachsenen teilnahmen. Einmal hatte ich ein Tennisturnier organisiert. Eine meiner Töchter gelangte bis ins Finale, ihr Gegner war ein ihr im Tennis weit überlegener älterer Herr. Das Spiel hatte kaum angefangen, da sah man meiner Tochter ihren Ärger und ihre Hilflosigkeit schon deutlich an, denn sie bemerkte sofort, dass ihr Gegner wesentlich stärker war als sie. Es kam, wie es kommen musste: Er gewann das Spiel, obwohl ihn die Unmutsbezeugungen meiner Tochter mehrfach in Verlegenheit gebracht hatten – doch gewollt schlecht zu spielen, um meine Tochter gewinnen zu lassen, wäre unsportlich gewesen. Meine Tochter nahm sich die Sache so zu Herzen, dass sie mehrere Stunden unansprechbar und beleidigt war. Das hatte zur Folge, dass die anderen Kinder und ihre Geschwister sie noch bis zum Ende der Ferien wegen dieser unverhältnis-

mäßigen Reaktion aufzogen. »Gibst du mir mal die Wasserflasche – oder bist du dann beleidigt?«, hieß es, oder: »Spielst du eine Runde Monopoly mit uns? Oder wirst du es nicht verkraften, wenn du nicht gewinnst?« Nach anfänglichem Zorn bei jeder dieser Bemerkungen stellte sich plötzlich eine gewisse Coolness bei meiner Tochter ein. Ich bin sicher, dass diese Erfahrung für sie sehr lehrreich war, denn seit diesem Sommer hat sich ihre Einstellung gegenüber dem Verlieren merklich geändert. Sie versucht seitdem, ihren Ehrgeiz und ihren Jähzorn besser zu beherrschen und sportlich mit den kleinen und großen Niederlagen umzugehen, die jeder im Leben nun einmal erleidet.

Fürstin Gloria

jeweiligen Jargons. Beim Segeln eine Leine als »Seil« zu bezeichnen oder beim Golf nicht vom »Holz« und den »Eisen« zu sprechen, grenzt Sie als hoffnungslosen Neuling aus.

Sportlichkeit Man zeigt ein gewisses Maß an Sportlichkeit, denn das steht jedem Menschen gut zu Gesicht. Ähnlich wie die Beherrschung von Fremdsprachen und Musikinstrumenten gehört ein Mindestmaß an Sportlichkeit zur Grundausstattung eines kultivierten Menschen. Auf englischen Eliteschulen wird auf Sporterziehung ebenso großer Wert gelegt wie auf akademische Erziehung, und dieses Prinzip hat große Staatsmänner und Strategen hervorgebracht. Sport zwingt einen dazu, seine Grenzen zu erkennen, und die Tugenden, die einen zu einem fairen und *teamfähigen Sportsmann* (siehe auch: *Sport*) machen, kommen einem das ganze Leben lang zugute.

Wie bei allen Dingen sollte man sich auch beim Sport vor Übertreibungen hüten. Sport sollte nicht als *exhibitionistische Zurschaustellung* (siehe auch: *Eitelkeit*) der eigenen Fertigkeiten missbraucht werden. Für einen Herrn ist etwa ein auffällig durchtrainierter Körper alles andere als elegant. Ein Mann sollte gesund und fit wirken, aber er darf keinesfalls so aussehen, als ob er viel Zeit mit der Pflege und dem Training seines Körpers verbrächte. Den Körper zu beachten und durch allerlei Maßnahmen in Form zu bringen kann man einer Frau noch zugestehen. Beim Mann wirken solch übertriebene Übungen deplatziert.

Stolz Stolz ist eine ritterliche Tugend, übertriebener Stolz ist der größte Feind der *Bescheidenheit* (siehe auch: *Bescheidenheit*). Einer der größten Fallstricke für das Glück des Menschen, lehren uns Religion, Literatur und Geschichtsschreibung, ist die anmaßende Selbstüberschätzung und der Hochmut.

Streit Es gibt so etwas wie eine Streitkultur. Lebhafte Diskussionen, hitzige Gespräche, sogar Zank kommen in den besten Familien vor und sollten – das sagen uns die Psychologen – auch nicht unterdrückt werden. Doch wie bei den meisten Dingen kommt es auch hier auf das Wie an. Als Leitfaden für Streitsituationen sollte man deshalb Folgendes beachten:

Wenn zwei sich streiten, glauben beide, dass sie im Recht sind. Zur emotionalen und sozialen Intelligenz gehört es daher, seinem Streitpartner selbst im Moment der Erregung zugute zu halten, dass er aus seiner subjektiven Sicht Recht zu haben glaubt – sonst wäre der Streit ja unnötig. Die Kunst des Sich-in-den-anderen-Hineinversetzens (auch »Empathie« genannt) gehört zum Rüstzeug eines zivilisierten, kultivierten und intelligenten Menschen. Eine goldene Regel lautet also: während eines Streits kurz innehalten und für einen Moment versuchen, sich in die Haut des anderen zu versetzen, die Streitfrage für ein paar Momente mal einseitig betrachten, aber nicht aus der eigenen Perspektive, sondern aus der des anderen.

Zu den Geheimtipps gehört auch, zu versuchen, dem Streitpartner tatsächlich zuzuhören und erst dann zu antworten. Bei mir beobachte ich oft, wie ich bei einer Diskussion, während der andere redet, bereits meinen nächsten Monolog vorbereite, meine eigenen Gedanken deutlich höre, nicht aber die des anderen. Wer es schafft, sollte auch versuchen, den anderen nicht im Wortfluss zu unterbrechen, denn das Nicht-ausreden-Lassen ist ein sicheres Mittel, die Diskussion eskalieren zu lassen.

Sinnvoll ist es außerdem, den Versuch zu unternehmen, sachlich und beim Thema zu bleiben. *Kritik* (siehe auch: *Kritik*) gehört unter Freunden zur Kultur und da der Sinn von Kritik ist, angenommen zu werden, empfiehlt es sich, Kritik dosiert und konkret zu verabreichen. Typisch für unglücklich verlaufende Streitereien ist zum Beispiel das Vermischen eines konkreten

Und Ihr?

Einer der klassischen Fehler, die man beim Streiten machen kann, ist das »Herauskramen« von Fehlern des anderen, nur weil man selbst bei einem solchen ertappt worden ist. Am besten illustriert dies ein Witz aus der Zeit des Kalten Krieges: Der neue Botschafter der USA in Moskau besichtigt in Begleitung des Moskauer Bürgermeisters das luxuriöse U-Bahn-System Moskaus. Ihm werden die prächtig ausgestalteten Bahnsteige gezeigt, die Kronleuchter, Statuen, Fresken und die prachtvollen Stuckverzierungen an den Wänden. »Und das Tollste ist«, sagt der Moskauer Bürgermeister, »alle zwei Minuten kommt eine U-Bahn!« Der US-Botschafter hört interessiert zu. Doch als zehn Minuten vergehen und noch immer keine U-Bahn zu sehen ist, fragt er den Bürgermeister vorwurfsvoll: »Na, und wo bleibt Ihre U-Bahn?« Der Bürgermeister fühlt sich angegriffen und entgegnet empört: »Und Ihr? Und Ihr? Wie behandelt Ihr die Schwarzen?«

Fürstin Gloria

und aktuellen Vorwurfs mit anderen, sozusagen gespeicherten Vorwürfen. Man fängt an, sich über Unpünktlichkeit zu streiten und landet plötzlich bei Unordentlichkeit, Vergesslichkeit und dem nicht eingelösten Versprechen vom letzten Jahr – und befindet sich mitten in einer Generalattacke, die der andere nur mit absoluter Gegenwehr beantworten kann. Durch das Eingrenzen von Streitpunkten vermeidet man Eskalation, die oft nur dann entsteht, wenn sich einer der Streithähne, zum Beispiel durch eine »Generalattacke«, in die Enge getrieben fühlt.

Sachlichkeit ist zwar eine Tugend, kann aber auch übertrieben werden. Manch einer versucht bei Streitigkeiten, betont kühl zu bleiben, um sich ja nicht provozieren zu lassen, und glaubt dabei, der Überlegene zu sein – oft führt ein solches Verhalten dazu, dass sich der andere erst recht provoziert fühlt und bis zur Weißglut gereizt wird, weil er das Gefühl hat, die Kritik oder das Ärgernis würde am coolen Gegenüber einfach abprallen. Ein Schuss ehrliche Emotionalität gehört zum Streit, ebenso wie das Ernstnehmen und das Zur-Kenntnis-Nehmen der Worte des anderen. Persönliche Beleidigungen aber, Fäkalienjargon, Türknallen, Telefonhörer niederknallen und Ähnliches gehören in die Kategorie »ungehörig«, kommen aber dennoch in den besten Familien vor. Hier wirkt ein ehrlich gemeintes *»Tut mir Leid!«* (siehe auch: *Entschuldigung*) oft Wunder.

Strümpfe Herren tragen grundsätzlich *Kniestrümpfe* (siehe auch: *Kleidung*) – kurze Socken sind etwas für

Kinder und Jugendliche. Ausgefallene Muster oder Embleme sollten Strümpfe nicht aufweisen. Auf Nummer Sicher geht, wer dunkle Strümpfe trägt, im Sommer zu hellen Hosen natürlich auch hellbeige. Weiße Socken sind absolut tabu, außer zum Tennisspielen.

Damen ist hier fast alles erlaubt. Allerdings: Elegante Damen tragen zu Röcken und Kleidern immer Seidenstrümpfe, auch im Sommer. Wer freilich das Mädchenalter überschritten hat, sollte Kniestrümpfe vermeiden.

T

Taschentuch
Taxi
Tischkultur
Tischmanieren
Trinkgeld

Taschentuch Es ist immer von Vorteil, ein Taschentuch bei sich zu haben. Papiertaschentücher sind ohne Zweifel äußerst praktisch, aber (wie viele praktische Sachen!) nicht sehr vornehm. Damen können das Taschentuch in ihrer Handtasche, Herren in der Hosen- oder Jackentasche unterbringen.

Ein Taschentuch wird verwendet, um es etwa beim Niesen vor den Mund zu halten oder auch um einen Fleck zu beseitigen. Ein Gentleman sollte ein Taschentuch schon deshalb dabeihaben, um es einer Dame anbieten zu können, wenn sie es benötigt.

Taxi Einen Taxifahrer begrüßt man beim Einsteigen höflich, sagt ihm den Zielort und gegebenenfalls die bevorzugte Route. Einen nassen Schirm sollte man nicht auf die Sitze legen, man isst und trinkt im Taxi nicht. Müll (auch wenn es nur ein Papierschnipsel sein sollte) im Taxi fallen zu lassen oder Müll zurückzulassen ist ein Zeichen gröbster Rücksichtslosigkeit. Übergesprächige Taxifahrer sollte man gewähren lassen und im Zweifelsfall mit Einsilbigkeit ins Leere laufen lassen. Man gibt angemessenes *Trinkgeld* (siehe auch: *Trinkgeld*), mindestens einen Euro, den Rest aufrunden, beim Aussteigen verabschiedet man sich.

Tischkultur Das gemeinsame Essen sollte innerhalb der Familie fester Bestandteil des Tagesablaufs sein. Auch (und gerade!) wenn man ansonsten völlig aneinander »vorbeilebt«, sollte der Esstisch ein Ort der familiären Kommunikation sein, an dem auch Gäste gerne willkommen geheißen werden. Zur Tischkultur

gehören daher pünktliches und gepflegtes Erscheinen sowie das *aufrechte Sitzen bei Tisch* (siehe auch: *Tischmanieren*).

Bei festlichen Anlässen sollte man den Tisch mit besonderer Sorgfalt decken. Wer der Gestaltung seines Esstisches viel Beachtung schenkt, tut dies auch mit seinen Gästen. Hier ein paar Anhaltspunkte für festlich gedeckte Tische: eine frisch gewaschene und gebügelte Tischdecke aus Stoff, in der Mitte des Tisches Blumendekoration, womöglich Kerzen. Es gibt verschiedene Möglichkeiten, das Besteck aufzulegen: entweder, wie bei uns zu Hause, alles rechts vom Teller. Oder links vom Teller die Gabeln, rechts Löffel und Messer. In beiden Fällen liegt das Besteck, das als Erstes verwendet werden soll, außen. Falls die Vorspeise eine Suppe ist, liegt rechts außen ein Löffel. Bei einer anderen Vorspeise liegt dort eine Gabel. Das Dessertbesteck liegt oberhalb des Tellers. Für Fischgerichte gibt es spezielles Fischbesteck. Die Gläser stehen leicht nach rechts versetzt oberhalb des Tellers (ein großes Glas für Wasser, ein Glas für den Rotwein, ein Glas für den Weißwein, gegebenenfalls weitere Gläser für Champagner, süßen Wein oder Portwein). Links neben dem Essteller wird ein kleines Tellerchen für Brot gedeckt. Direkt über dem Dessertbesteck sollten kleine Salz- und Pfefferstreuer stehen. Wer sich den Luxus leistet, sich bedienen zu lassen, sollte darauf verzichten, Flaschen auf den Tisch zu stellen.

Tischmanieren Der endgültige Benimm-Test findet beim Essen statt. Spätestens jetzt offenbaren sich Weltgewandtheit und Kultur. Wer eilig schlingt, seine Ellbogen auf dem Tisch aufstützt und ähnliche Fauxpas begeht, zeigt, dass Essen für ihn reine Hungerstillung bedeutet. Für kultivierte Menschen ist das Essen hingegen Dreh- und Angelpunkt der Gastlichkeit und auch Ritual: Die Hausherrin betritt das Esszimmer als Erste und *teilt ihren Gästen die Plätze* (siehe auch: *Placement*) zu. Herren rücken ihrer Tischdame (der Dame zur Linken) den Stuhl zurecht – ohne ihr dabei die Stuhlkante in die Kniekehlen zu rammen, und warten, bis die letzte Dame sitzt, bevor sie sich selbst hinsetzen. Sobald man sitzt, legt man die Serviette auf seinen Schoß und wartet damit nicht etwa, bis das Essen kommt. Als Herr entledigt man sich auf gar keinen Fall seiner Jacke. Keinesfalls wünscht man *»Guten Appetit!«* oder gar *»Mahlzeit«* (siehe auch: *Guten Appetit!, Unwörter*).

Wenn man nichts mit seinen Händen anzufangen weiß, stützt man sich keinesfalls mit den Ellbogen auf den Tisch – sondern platziert die Hände an der Tischkante. Man spielt und fuchtelt nicht mit Besteck oder Essen (etwa mit dem Brot) herum. Man nimmt sich moderate Portionen auf seinen Teller. Man spricht selbstverständlich nicht mit vollem Mund und trinkt und isst nicht gleichzeitig. Hauptsächlich benutzt man zum Essen die Gabel, während das Messer ausschließlich zum Schneiden und nicht etwa zum Schieben benutzt wird. Der Löffel ist nur für die Suppe da, keinesfalls löffelt man damit Soßen auf. Mit Brot die letzten Soßenreste aufzusaugen ist strengstens verboten. Man sitzt aufrecht, lehnt sich idealerweise nicht einmal an der Stuhllehne an. Man bleibt aufrecht, will heißen, man führt das Essen zum Mund und nicht den Mund zum Essen. Man würzt nicht frenetisch nach, um die Hausherrin und ihr Essen nicht implizit zu kritisieren. Man *raucht nicht bei Tisch* (siehe auch: *Rauchen*), auch wenn *Aschenbecher* (siehe auch: *Aschenbecher*) bereitstehen. Ausnahmen: wenn der Kaffee oder Liköre nach dem Essen bei Tisch serviert werden und wenn die Gastgeber einen zum Rauchen auffordern bzw. die Erlaubnis dazu erteilen.

Worüber redet man bei Tisch? Zunächst spricht man abwechselnd mit dem rechten und dem linken Tischnachbarn und redet sich nicht auf einer Seite fest. Das *Gesprächsthema* (siehe auch: *Konversation, Gespräch*) sollte möglichst nicht das Essen selber sein. Besonders wenn man etwas zu kritisieren hat, sollte man das buchstäblich herunterschlucken. Man redet bei Tisch nicht über Politik oder Religion, um hitzige Diskussionen, die zu Streit führen könnten, zu vermeiden. Daher umgeht man auch heikle oder allzu ernste Themen. Man redet über ein kürzlich besuchtes Theaterstück, über ein Buch, das man zuletzt gelesen hat, eine Reise oder sonstige, unverfängliche Erfahrungen und Erlebnisse.

Wie verhält man sich als Vegetarier unter Fleischessern? Als höflicher Mensch macht man kein Aufsehen, sondern bedient sich nur von den Beilagen. Als Gastgeber sollte man allerdings darauf achten, dass die Gemüsebeilagen nicht in Fleischsoße schwimmen, damit eventuell anwesende Vegetarier nicht ernsthaft in Verlegenheit gebracht werden.

Das Signal, sich vom Esstisch erheben zu können, kommt von der Hausherrin: Sie legt die Serviette (nicht zerkrumpelt, aber auch nicht minutiös gefaltet) neben ihren Teller und erhebt sich als Erste. Der Rest der Tischgäste tut es ihr gleich.

Trinkgeld Im *Restaurant* (siehe auch: *Restaurant*) ist der Hinweis »Service included« auf der Rechnung kein Freibrief für *Knauserigkeit* (siehe auch: *Geiz*). Wenn einem das Essen geschmeckt hat und der Service gut war, rundet man den Rechnungsbetrag auf. In den meisten Ländern sind 10 Prozent der Rechnungssumme als Trinkgeld normal, 15 Prozent großzügig und 20 Prozent eine Auszeichnung für besonderen Service.

Bei *Hotelaufenthalten* (siehe auch: *Hotel*) lässt man vor allem dem Personal, das die Zimmer aufräumt, dem Zimmerkellner, dem Wagenmeister und dem Pagen ein kleines Trinkgeld zukommen; dafür genügen meist ein paar Münzen. Die Kellner bzw. der Oberkellner bekommen für guten Service natürlich einen großzügigeren Obolus. Der Concierge erhält das höchste Trinkgeld, aber nur dann, wenn er auch tatsächlich für einen tätig geworden ist.

Bei *Taxifahrten* (siehe auch: *Taxi*) genügt es, die Endsumme aufzurunden. Bei handwerklichen und sonstigen Dienstleistungen sind Trinkgelder nur üblich, wenn sie ein Dank für besonders effizienten oder schnellen Service sind.

Äußerst wichtig ist es, Trinkgeld diskret zu verteilen. Dies mit ostentativem Großmut zu tun ist angeberisch und wirkt »neureich«.

U

Understatement
Unwörter
Unzufriedenheit

Understatement Eine der wichtigsten Grundlagen für den guten Umgangston – das sollte nach der Lektüre einiger Stichwörter dieses Buches eigentlich niemandem verschlossen geblieben sein – ist das Prinzip der *Untertreibung* (siehe auch: *Bescheidenheit*). Selbst den luxuriösesten Palast oder die Villa in *St. Tropez* nennt man »Haus«, eine zweimastige Segelyacht ist schlicht ein »Boot«, eine Flasche *Château Petrus* 1982 ist »eine Flasche Rotwein«, die schwere *Angina pectoris* eine »leichte Erkältung« und das verlorene Vermögen beim Aktien-Crash ein »Malheur«. Wer dieses Prinzip nicht verinnerlicht, wird auf poliertem Parkett zwangsläufig ausrutschen.

Unwörter Es gibt eine Reihe von Wörtern und *Redewendungen* (siehe auch: *Floskeln*), die man nicht sagt. Hier eine unvollständige Auswahl: »Klo« (statt korrekt: »Toilette«); »Guten Appetit!« und »Mahlzeit!«; »Prost!«; »Nur noch ein Schlückchen!« (generell sind alle Wörter mit der Endung -chen verpönt, außer »München«); »ekelig«; »Mag ich nicht!«; »Gestatten, …«; »Sehr erfreut!«; »Schlips« (statt korrekt: »Krawatte«); »Schlappen« (statt korrekt: »Pantoffeln«); »Das wäre doch nicht nötig gewesen!«; »Ich muss mal«; »jüdischer/adeliger/behinderter Mensch« (statt korrekt: »Jude«, »Adeliger«, »Behinderter«); »Lebensgefährte/Lebensgefährtin« oder »Lebensabschnittspartner/in«; »Sie haben's aber nett hier!«.

Unzufriedenheit Schlecht erzogene Menschen sind *unzufrieden* (siehe auch: *Beschweren*), gut erzogene

Menschen lassen sich nichts anmerken. Der Unzufriedene ist unflexibel, der weltgewandte Mensch passt sich an neue und auch unangenehme Gegebenheiten an, für ihn ist auch ein fast leeres Glas immer noch halb voll.

V

Verkehrsmittel
Verlobung
Versprechungen
Visitenkarte
Vorstellen
Vortritt

Verkehrsmittel (öffentliche) Wer in einer Großstadt lebt und keine öffentlichen Verkehrsmittel nutzt, hat entweder viel Zeit, ist der normalen Welt irgendwie enthoben oder beides (etwa weil er Multimilliardär, Politiker oder Schönheitschirurg ist). In öffentlichen Verkehrsmitteln lässt man Frauen, Behinderten und älteren Menschen den Vortritt, hilft ihnen gegebenenfalls beim Ein- und Aussteigen und beim Gepäck und überlässt ihnen selbstverständlich den eigenen Sitzplatz.

Verlobung Es ist nach wie vor üblich, dass ein Herr erst seiner Angebeteten seinen Heiratsantrag macht und dass er dann, wenn dieser angenommen ist, beim Vater seiner zukünftigen Braut »um deren Hand anhält«. Das Um-die-Hand-Anhalten ist ein ernstes Gespräch, zu dem man sich beim Vater seiner Braut anmelden sollte. Der potenzielle Schwiegervater wird in dem Gespräch versuchen, sich ein Bild über den Hintergrund seines potenziellen Schwiegersohns zu machen, womöglich auch ergründen wollen, ob er der Gründung einer Familie finanziell gewachsen ist.

Versprechungen Wenn man sich nicht sicher ist, ein Versprechen auch wirklich einhalten zu können, gibt man es nicht. Ebenso wenig lässt man sich zu irgendwelchen Zusagen hinreißen, nur aus Opportunismus oder Bequemlickeit. Politiker und Persönlichkeiten, die hohe Positionen bekleiden, müssen oft Dinge versprechen und da besteht die Kunst dann darin, nur das zu versprechen, was man sowieso nicht halten muss.

Visitenkarte Jeder Herr sollte im Besitz von Visitenkarten sein. Damen sollten nur geschäftliche Visitenkarten verwenden. Für manchen Herrn empfehlen sich auch zweierlei Versionen: eine persönliche und eine geschäftliche. Besonders schöne Visitenkarten zeichnen sich durch schlichtes Design aus, nicht unbedingt dadurch, dass sie offenbar teuer in der Herstellung waren (Stahlstich und teures Papier sind in Ordnung, solange es nicht protzig aussieht). *Akademische Titel* dürfen auch auf der persönlichen Karte vermerkt werden, trägt man einen *Adelstitel* (siehe auch: *Adel, Anrede, Hoheiten*) im Namen, streicht man ihn üblicherweise (symbolisch, man könnte auch sagen, kokett) durch, und zwar unmittelbar bevor man die Karte übergibt. Wappen oder Kronen auf Visitenkarten gehören sich nicht. Besonders elegant sind Karten, auf denen lediglich der Name des Inhabers steht. Das ist übrigens die einzige Art Karten, die auch eine Dame privat verwenden kann. Ehepaare verwenden Visitenkarten, auf denen beide Namen stehen. Überreicht man solche »Blanko-Karten«, notiert man per Hand die Adresse, gegebenenfalls noch Telefonnummer und E-Mail-Adresse, darauf.

Vorstellen (sich selbst und Dritte) Befindet man sich in Gesellschaft und kennt fast niemanden, wäre es falsch, sich nur mit denjenigen zu unterhalten, die man kennt, oder sich gar wie ein Mauerblümchen an den Rand des Geschehens zu stellen. Als gewandter Herr, aber auch als Dame, sollte man auf Menschen, die einen interessieren oder die einem interessant erscheinen, zugehen und sich vorstellen. Oft ergibt sich daraus ein Gespräch.

Ist man in Begleitung, sollte man unbedingt jede Person, mit der man spricht, auch seiner Begleitung vorstellen. Diese Regel ist unerlässlich, auch wenn sie manchmal sehr unangenehm sein kann, etwa weil man sich nicht genau an einen Namen erinnern kann. In diesem Fall empfiehlt es sich, eine Technik zu entwickeln, die man als »artikuliertes Murmeln« bezeichnen könnte, das heißt, Sie sagen irgendetwas halblaut und murmelnd zu Ihrer Begleitung, das sich so anhört, als hätten Sie die Person gerade vorgestellt. Ihre Begleitung wird höflich genug sein und nicht laut »Wie bitte?« fragen.

Ist die Person, der man jemanden vorstellt, eindeutig höheren Ranges (zum Beispiel ein Würdenträger, Politiker oder Ähnliches), so sollte man zunächst den Namen der Person nennen, die man vorstellt, und gegebenenfalls ganz darauf verzichten, den Namen der Person hohen Ranges auszusprechen. Damit impliziert man, dass die wichtige Person nicht extra vorgestellt werden muss, weil jeder sie kennt. Zum Beispiel muss einem »Herr Minister, darf ich Ihnen meinen Kollegen/ Freund/ Ehemann … vorstellen« nicht unbedingt ein »Schatz, das ist unser Justizminister sowieso« folgen.

Vortritt (Jemandem den V. lassen) Ein Herr lässt einer Dame stets den Vortritt und öffnet ihr die Türe. Einzige Ausnahmen: In Restaurants, Bars, im Theater oder Kino geht der Herr der Dame voraus, wobei er ihr selbstverständlich beim Betreten und Verlassen die Tür aufhält; ebenso geht der Herr beim Treppensteigen voraus. Diese Ausnahmen sind Relikte aus einer Zeit, in der man als Herr für eine Dame in der Öffentlichkeit erst das Territorium sichern musste. Die Regel, dass ein Herr beim Treppensteigen vorangeht, hat auch damit zu tun, dass er nicht in Verlegenheit kommen soll, seine Begleitung von hinten zu mustern.

W

Wartezimmer
Weihnachten
Weihnachtskarte
Weihnachtszeit
Wein
Widerspruch
Witz
Witze
Wut

Wartezimmer In einem Wartezimmer, beim Arzt oder beim Anwalt, wartet man geduldig, bis man aufgerufen wird, man gibt sich nicht gehetzt, schaut nicht alle fünf Minuten auf die Uhr. Auf Telefonate mit dem *Handy* (siehe auch: *Handy*) sollte man verzichten, um andere Wartende nicht zu stören. Die ausgelegten Zeitschriften dienen der Lektüre, nicht dazu, geräuschvoll darin zu blättern, und natürlich reißt man auch keine Seiten heraus, nur weil dort ein interessanter Artikel abgedruckt ist.

Weihnachten Weihnachten ist ein religiöses Fest und nicht das Fest des Kommerzes. Bitte verfallen Sie in der *Weihnachtszeit* (siehe auch: *Weihnachtszeit*) nicht in Konsumrausch. Überlegen Sie lieber, wo in Ihrem Umfeld Ihre karitative Ader gefragt sein könnte. *Geschenke* (siehe auch: *Geschenke*) gehören zur Tradition des Weihnachtsfestes. Denken Sie daran, dass die schönsten Geschenke persönliche sind. Wenn Sie beschenkt werden, vergessen Sie nicht, sich zu bedanken.

Weihnachtskarte Es ist eine schöne Sitte, zu Weihnachten Grüße zu versenden. In der heutigen Zeit ist das oft die einzige Möglichkeit, mit Freunden und Verwandten in Kontakt zu bleiben, die in einer anderen Stadt oder einem anderen Land leben.

Geschmackvolle Weihnachtskarten gibt es in allen guten Schreibwarenläden und Kaufhäusern. Auch Wohltätigkeitsorganisationen (wie UNICEF) stellen hübsche Weihnachtskarten her – deren Kauf außerdem einen weihnachtlichen Zweck, nämlich Hilfe am Nächsten, erfüllt. Eine persönliche Note kann man Weihnachtskarten verleihen, wenn man Blanko-Karten kauft und sie mit einem Foto der eigenen Familie, zum Beispiel einem Urlaubsfoto, versieht.

Will man sichergehen, dass die Weihnachtsgrüße rechtzeitig ankommen und im Haushalt des Adressaten bereits in der Vorweihnachtszeit aufgestellt werden können (denn das ist es, was man mit Weihnachtskarten macht), sollte man sie schon Anfang Dezember verschicken. Die Karte sollte unbedingt handschriftlich mit ein paar persönlichen Zeilen und der Unterschrift versehen sein, auch wenn man Hunderte verschickt. »Frohe Weihnachten« allein genügt keinesfalls. Höchstens Staatsoberhäupter genießen das Vorrecht, eine Unterschriftenmaschine zu verwenden, da sie Tausende von Weihnachtsgrüßen verschicken. Ansonsten ist so etwas unmöglich und gilt als im höchsten Maße überheblich.

Weihnachtszeit Sollte in der *Weihnachtszeit* (siehe auch: *Weihnachtskarten*) der Müllmann oder der Zeitungsbote plötzlich vor Ihrer Tür stehen oder der Briefträger im Türrahmen einen Moment länger verweilen als gewohnt, liegt das daran, dass er sich berechtigte Hoffnungen macht, dass Sie sich für die übers Jahr getane Dienstleistung erkenntlich zeigen. Netter, als ihm einen Schein in die Hand zu drücken, ist es, das Geld in einen Briefumschlag zu tun und ihm diesen dann zu geben. In der Weihnachtszeit sollte man einen kleinen Vorrat an kleinen Aufmerksamkeiten und Geschenken, schön verpackt oder einfach mit einer hübschen

Schleife verziert, parat haben (eine Flasche Champagner, ein Buch, einen Schal, eine Duftkerze usw.).

Wein Der Wein und dessen Genuss ist bekanntlich eine Wissenschaft an sich. Doch zum Leben des eleganten Weltenbürgers gehört es, Dinge des Genusses mit einer gewissen Leichtigkeit, Selbstverständlichkeit, mit so genannter Nonchalance zu genießen; also Angenehmes bzw. *Wohlschmeckendes* (siehe auch: *Kaviar*) zu goutieren, ohne so zu wirken, als würde man derlei Dingen zu viel Beachtung schenken. Der Genuss von exzellentem Wein ist eine gute Möglichkeit, um Nonchalance auf die Probe bzw. unter Beweis zu stellen. Viele Menschen glauben nämlich, man dürfe einen »guten Tropfen« nur mit viel Aufmerksamkeit, einem Schnuppern, einem Vorschmecken, einem »Oh!« und einem »Ah!« genießen. In Wirklichkeit ist genau das Gegenteil der Fall. Einen guten Wein genießt man ohne viel Aufhebens.

In unseren Kreisen ist es übrigens – entgegen anders lautender Empfehlungen – durchaus kein Verstoß gegen den guten Ton, das Weinglas beim Trinken oder beim Zuprosten am Kelch anzufassen. Lächerlich hingegen macht sich, wer dabei den kleinen Finger geziert abspreizt. Letzteres gilt als Inbegriff von »spießig« und kann in seiner gesellschaftlichen Fatalität nur mit dem Tragen von kurzen weißen *Socken* (siehe auch: *Strümpfe*) oder dem Tragen von *Krawatten* (siehe auch: *Krawatten*) aus Leder verglichen werden.

Widerspruch Der Geist, der immer nur verneint, hat auf gesellschaftlichem Parkett nichts zu suchen. Je höher die gesellschaftliche Sphäre ist, in der Sie sich bewegen, desto weniger sollten Sie Ihrem Gesprächspartner widersprechen.

Witz Für *Oscar Wilde* mag gegolten haben, dass es besser ist, einen guten Freund zu verlieren, als einen guten Witz zu versäumen. Für Damen und Herren der Gesellschaft gilt dies natürlich nicht. Humor ist sehr gut und lustig und daher absolut salontauglich. Aber Witz sollte, auch wenn er beherrscht wird, in Gesellschaft allenfalls sehr dosiert angewendet werden.

Witze Wer sich möglichst schnell ins gesellschaftliche Abseits manövrieren möchte, sollte Witze erzählen. Ein spontan erzählter Witz, passend zum Zusammenhang des gerade geführten Gesprächs, ist sehr beliebt, memorisierte Witze als Konversationsersatz sind höchstens etwas für derbe Männerrunden oder Witzbolde.

Wut Es ist normal, manchmal Wut zu empfinden, aber gänzlich ungehörig, ihr freien Lauf zu lassen und sie auf andere abzuwälzen. *Wutausbrüche* (siehe auch: *Contenance*), ob zu Hause, bei Freunden oder gar in der Öffentlichkeit, sind indiskutabel.

Y

Yacht

Yacht Selbst die größte und luxuriöseste Yacht bezeichnet man, dem Gesetz des *Understatements* (siehe auch: *Understatement*) folgend, als »Boot«.

Wenn man ein Schiff betritt, egal ob Luftkissenboot, Motorboot oder Hochseeyacht, zieht man sich zu allererst die Schuhe aus (dies gilt nicht für schwimmende Hotels, also Kreuzfahrtschiffe, und nicht für Fähren). Betritt man die Yacht eines Freundes, eines Bekannten oder eines Geschäftspartners, tut man gut daran, das Schiff, möglichst mit ein wenig Sachkenntnis, zu bewundern.

Der größte Luxus ist es, für ein paar Tage auf ein Schiff eingeladen zu sein. Die Regeln für das Verhalten an Bord entsprechen denen als *Hausgast* (siehe auch: *Hausgast*) mit der Ergänzung, dass die *Garderobe* (siehe auch: *Kleidung*) an Bord meistens ausgesprochen leger ist. Generell sollte man versuchen, sich der Kleiderordnung seiner Gastgeber anzupassen. Nur während des Essens an Bord sollte man, auch in größter Hitze, wenigstens ein Polohemd oder – als Dame – einen Pareo tragen, selbst wenn dies sonst niemand tut. Während man auf Fahrt ist, betritt man nicht unaufgefordert die Brücke und bleibt generell in dem für die Passagiere vorgesehenen Bereich, um bei etwaigen Manövern kein Hindernis zu sein.

Z

Zahlungsmoral
Zärtlichkeiten
Zehn Dinge
Zeitung
Zigarre

Zahlungsmoral Rechnungen zahlt man sofort oder zumindest innerhalb einer vereinbarten Frist. Man lässt es nicht darauf ankommen, dass andere ihrem Geld buchstäblich hinterherrennen müssen. Dies ist unangenehm für den Schuldner und peinlich für den Gläubiger, dem oft keine andere Möglichkeit bleibt, als massiv gegen schlechte Zahlungsmoral vorzugehen.

Früher war es in besseren Kreisen üblich – und auch heute ist dies teilweise noch so –, kein Bargeld bei sich zu tragen. Zum einen, weil bereits der körperliche Kontakt mit dem »schnöden Mammon« als vulgär galt, zum anderen, weil man als Angehöriger solcher Kreise einfach »mit seinem guten Namen zahlen« konnte, das heißt, dass einem die Rechnung geschickt wurde. Doch die Zeiten ändern sich. Durch die Erfindung der Kreditkarte hat man keine Entschuldigung mehr dafür, ohne Zahlungsmittel durch die Welt zu gehen.

Zärtlichkeiten Liebkosungen und *Zärtlichkeiten* (siehe auch: *Kuss*) sollten nicht in der Öffentlichkeit ausgetauscht werden. Nur am Bahnhof und am Flughafen ist ein herzlicher Abschied oder eine ebensolche Begrüßung akzeptabel. Mitten auf der Straße innig ineinander verschlungene Paare wirken hingegen so, als ob sie kein Zuhause hätten.

Zehn Dinge, durch die man garantiert positiv auffällt 1. Zuvorkommenheit, 2. freundlicher Umgang mit Untergebenen, 3. Bescheidenheit und Understatement, 4. Feuer anbieten, 5. Namen kennen, 6. geputzte Schuhe, 7. Fremdsprachen, 8. trotz Hitze die

Jacke anbehalten, auch wenn man schwitzt, 9. einen Gast an der Haustür begrüßen, bei der Verabschiedung zur Haustür begleiten, 10. einer Dame in den (oder aus dem) Mantel helfen.

Zehn Dinge, durch die man garantiert schlecht auffällt 1. Hände in den Hosentaschen, 2. Beine auf dem (Schreib-)Tisch, 3. jovialer oder fraternisierender Umgang mit Untergebenen, 4. lascher Händedruck, 5. beim Gespräch nicht in die Augen des Gesprächspartners schauen, 6. sich als Herr seiner Jacke entledigen, 7. Jähzorn und Willkür, 8. Fluch- und Fäkalienjargon, 9. ungepflegtes Äußeres (beispielsweise Schwitzflecken, Unrasiertheit, bei Damen unrasierte Achseln und Beine), 10. Ellenbogen auf dem Tisch.

Zeitung Lesen Sie Zeitungen mit großen Buchstaben und farbigen Abbildungen nur in absoluter Abgeschiedenheit. Je weniger großformatige Fotos Ihre Zeitung aufweist, desto besser ist sie qualitativ und desto besser sehen Sie folglich damit aus (denn bekanntlich stecken hinter solchen Zeitungen kluge Köpfe).

Zigarre Wer Zigarre rauchen will, bedenke, dass dies manche Menschen stören könnte. Auf gar keinen Fall darf man als Angeber erscheinen, nur weil Zigarrenrauchen in Mode gekommen ist. Daher entfernt der Gentleman vor dem Anzünden der Zigarre immer die Banderole, damit man nicht sieht, welche Marke er raucht.

Wenn die Liebe zündet

Eine Geschichte, die mein Mann beim Zigarrenrauchen erzählte, war die des großen New Yorker Bankiers Smith*, der eines Tages in seinem Club saß, sich nach einem opulenten Mahl eine Zigarre anstecken wollte, die aber immer wieder ausging.* Smith *begann, die Zigarre abzutasten und entdeckte plötzlich ein kleines weißes Zipfelchen. Er zog daran und hervor kam ein Zettel, der in das Deckblatt eingerollt war. Darauf stand: »Mein Name ist Conchita, ich bin 18 Jahre alt und habe diese Zigarre für dich gerollt. Während du sie genießt, denk daran, dass ich mein Lebtag in einer alten, staubigen Fabrik friste.« Die Botschaft ging* Smith *nicht aus dem Kopf und er beschloss, alle Hebel in Bewegung zu setzen, Conchita, die Zigarrenrollerin, kennen zu lernen. Er setzte sich mit dem kubanischen Generalkonsul in Verbindung, ließ alle Beziehungen spielen, charterte schließlich ein Flugzeug, flog nach Kuba und wurde zu Conchita gebracht. Die beiden verliebten sich, er nahm sie zu seiner Frau und machte eine Dame der New Yorker Gesellschaft aus ihr.*

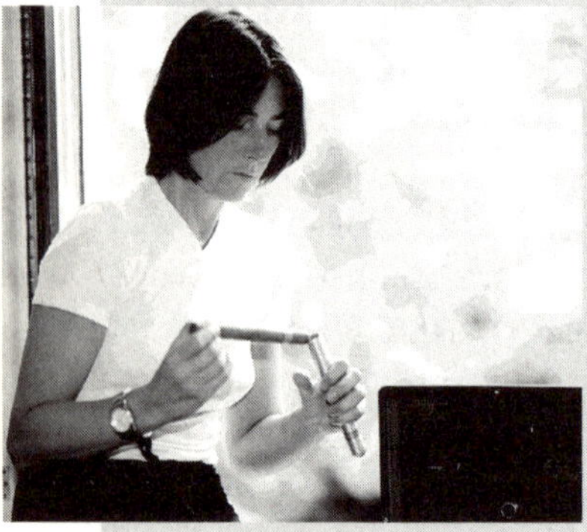

Donna Alessandra

Textnachweis

S. 25: Giuseppe Tomasi di Lampedusa:
Der Leopard. © Piper Verlag GmbH, München 1959

S. 29, 124: Friedrich Torberg:
Die Tante Jolesch oder Der Untergang des Abendlandes in Anekdoten. © 1975 by Langen Müller, 1982 by F.A. Herbig Verlagsbuchhandlung GmbH, München

S. 48: Georges Mikes:
How to be Decadent. © 1977 by Penguin Books, London

S. 62: Nicolaus Sombart:
Jugend in Berlin. © 1984 Carl Hanser Verlag, München Wien

S. 148: Gordon Brook-Shepherd:
Monarchien im Abendrot. Monarchien im Abendrot. Europas Herrscherhäuser bis 1914. Aus dem Englischen von Gunther Martin © Paul Zsolnay Verlag, Wien 1988

Bildnachweis

Alle Fotografien stammen von Clemens Mayer/Company 3000, Regensburg, mit Ausnahme von:

Alessandra Borghese, Rom: 102

L'Osservatore Romano, Rom: 37

Magnum Photos, Mailand:
Elliott Erwitt: 50, 71, 84, 97, 107, 121, 139, 140, 143, 146/147, 158, 201, 202/203, 209, 210

Gloria von Thurn und Taxis, Regensburg: 54, 81, 99, 132